Klaus Grochowiak

Vom Glück und anderen Sorgen

Wie man es schafft,
mehr Glück zu ertragen,
als man denkt

Scherz

INHALTSVERZEICHNIS

VORWORT

Wieviel Glück erträgt der Mensch?

Vielleicht ist es mit dem Glück wie mit diesen PS-starken Sportwagen, über die wir lesen, daß die Höchstgeschwindigkeit vom Hersteller irgendwo bei 250 km/h automatisch abgeriegelt wurde: Der Motor könnte mehr, aber man hält es für unklug, ihn zu lassen.

Auch unser Nervensystem wäre durchaus in der Lage, mehr zu erzeugen vom sprichwörtlichen höchsten der Gefühle, aber irgendeine Instanz sorgt zuverlässig dafür, daß es so weit — meistens jedenfalls — nicht kommt. Wieso eigentlich? Ist eine automatische Abriegelung, so vertretbar sie für die Straßenverkehrsordnung sein mag, auch in der Ordnung des menschlichen Glücks sinnvoll? Was wäre, wenn wir uns trauen würden, zu dürfen, was wir im Tiefsten sowieso immer wollten: das Glück in seinem vollen, üppigen Ausmaß zu erleben?

Solange die Frage rhetorisch gestellt wird, fällt ihr zuzustimmen nicht besonders schwer; bezieht sich der Ruf nach dem Glück aber nicht auf das entfernte Große und Ganze, sondern auf das eigene Hier und Heute, auf Gefühle bei *dieser* Partnerschaft, in *diesem* Beruf und in *dieser* Familie, dann sprießen kleine Einwände und große Zweifel wie Pilze aus dem Boden. Ehe man sich's versieht, gerät das freie, schöne Glück unter die Räder. Schlimmer noch: Die Umstände, die es verhindern, scheinen identisch zu sein mit den Bedingungen, unter denen wir leben. Da streicht die Sehnsucht schnell die Segel, und man fügt sich Realitäten, bei denen der Mut, sich dem geglückten Glück zu widmen, naiv, unbescheiden oder gar ketzerisch wirkt. Bei nüchterner Betrachtung wird offenkundig, daß jeder neben dem tief empfundenen Wunsch, glücklich zu sein, auch über ein stattliches Arsenal von Begründungen verfügt, warum dem Glück im Einzelfall ein Riegel vorzuschieben sei. Und es stellt sich eben immer wieder heraus, daß das Leben aus lauter Einzelfällen besteht.

Mit diesem Buch möchte ich Sie ermutigen, alle möglichen Einwände gegen das Glück mit Vorsicht zu genießen. Dabei spielt es keine Rolle, ob diese Einwände von Ihnen selbst oder von anderen stammen, ob sie im Gewand der Vernunft oder Unvernunft daherkommen. Und ich möchte Sie mit dem Gedanken vertraut machen, daß Sie zwar das Unglück nicht ganz abschaffen, wohl aber den Spielraum des Glücks in Ihrem eigenen Leben spürbar erweitern können.

Dem Glück kommt zugute, daß der Mensch unglaublich erfinderisch ist. Sogar schwierigste Probleme löst er mit Bravour, von der Bearbeitung des Faustkeils über die Konstruktion vollautomatischer Staubsauger bis zur Mondlandung. Auch was die Fahrten durch seine innere Welt betrifft, hat der Mensch große Kreativität bewiesen – und dazu manches Widersprüchliche hervorgebracht. Er besitzt die Fähigkeit, ganze Filme vor dem geistigen Auge abspielen zu lassen oder eine Geschichte zu erzählen, die die Zuhörer in den Bann schlägt; er kann Phantastisches, Humorvolles und Paradoxes entstehen lassen, das es in der physischen Welt sonst nicht gibt. Mittlerweile gehört es zum Allgemeinwissen, daß diese Fähigkeiten der Spezies Mensch auf irgendeine Art mit den Ressourcen unseres Unterbewußtseins zu tun haben.

Manchmal äußern sich unsere kreativen Fähigkeiten auf sehr eigenartige Weise. Oft auch stellt uns das Unbewußte vor Aufgaben, von denen unser Bewußtsein gar nicht weiß, daß sie existieren. Etwa dann, wenn es sich um so seltsame Aufgaben handelt wie: «Verteidige meinen emotionalen Zustand gegen sämtliche Anfeindungen des Glücks. Liefere mir ein paar unwiderlegbare Gründe, warum ich nicht glücklich sein darf. Und wenn ich wider Erwarten trotzdem glücklich bin, dann möchte ich mich wenigstens dafür schämen müssen.» Die Kreativität des Unterbewußtseins arbeitet rund um die Uhr, und zwar derartig zuverlässig, daß ihm für praktisch jedes Problem eine brauchbare Lösung einfällt, egal, ob es dafür gelobt wird oder nicht.

Das zeigt uns, welche Macht die emotionalen Motive gegenüber den rationalen besitzen. Ob ‹Glück› oder ‹Unglück› – dabei nur auf die äußere, bewußte Seite zu achten und die verdeckte, unbewußte zu ignorieren hieße, einen Baum seiner Wurzel zu berauben. Auch lehrt uns das Glück, daß es stets gut für Überraschungen ist. Das wissen wir schon aus dem Märchen, wenn der Held auszieht, um ‹sein› Glück zu suchen. In der Regel findet er schließlich etwas ganz anderes als das, was er sich anfangs darunter vorgestellt hat. Doch am Ende kann er von Glück sagen, daß er etwas gefunden hat, das sich für ihn als viel wertvoller erweist als das, was sein beschränkter Horizont anfänglich erhoffen ließ.

In unserem Innern erglänzt das Glück in ebenso vielen

Facetten, wie ihm von außen Stolpersteine in die Quere kommen. Oder existieren die Stolpersteine etwa gar nicht draußen in der Welt, sondern im Kopf? Auffällig viele von uns sagen sich: «Mir geht es doch ganz gut. Warum sollte es mir da noch bessergehen?» Die Variante «Da es mir schon so gutgeht, bin ich gespannt, wieviel besser es mir noch gehen kann», ist kurioserweise viel seltener anzutreffen.

Andere wiederum denken: «Glück ist eine Belohnung, die durch Qual und Leid sauer verdient sein muß.» Aber wer sagt uns, wann die Leidensmenge x abgerackert ist, daß wir in den Genuß der Glücksprämie y kommen? Nirgends im Universum ist der Devisenkurs angeschlagen, nach dem der Austausch zwischen Leiden und Glück fairerweise zu verrechnen wäre. Schlimmer noch: Es ist fraglich, daß es ihn überhaupt gibt. Gefangen in diesem Dilemma, auch um ja nichts falsch zu machen, legen viele dann die Latte der erforderlichen Leidensmenge so hoch, daß das erstrebte Glück automatisch außer Reichweite bleibt. (Sisyphus läßt grüßen.) Dieser Menschenschlag zahlt sein Leben lang auf ein Glücks-Konto ein, verkneift es sich aber, das ersparte Guthaben jemals anzutasten, nach dem Motto: «Ich lebe in fester Erwartung des ausbleibenden Glücks und achte darauf, daß diese Erwartung nicht enttäuscht wird.» Um sich ja nichts zuschulden kommen zu lassen, leidet er vorsorglich vor sich hin. Erscheint der selbsterrichtete Damm gegen das Glück ihm immer noch nicht ausreichend, übernimmt er vielleicht noch zusätzlich die Bürde eines anderen, auch wenn er dafür gar nicht zuständig ist. Bleibt für diese schweren Mühen dann die Belohnung aus – woher sollte sie auch kommen? –, schließt er messerscharf, daß Unglück der Welt Lohn sei. Eine traurige Gewißheit, doch eine populäre allemal! Was aber, wenn die Flut des Glücks so hoch steigt, daß der Damm trotzdem bricht? Es könnte ja sein, daß Sisyphus zufällig doch einmal davon überrascht wird, daß sein Glück ihm auf die Schulter tippt und sagt: «Hallo, hier bin ich – das Glück!» Wahrscheinlich winkt Sisyphus dann unwirsch ab und knurrt: «Hau bloß ab, und stör mich nicht beim Schleppen!»

Eine ebenso weit verbreitete Spielart der Glücksverhinderung ist es, andere für die Ursache des eigenen Unglücklichseins zu halten: Schwiegereltern, Nachbarn, die Gesellschaft, den Rest der Welt. Dieser Überzeugung folgt meistens eine unterschwellige Forderung auf dem Fuß, die lautet: «Erst einmal soll sich der Rest der Welt ändern, dann können wir weitersehen. Ehe sich die Welt nicht ändert, habe ich jedenfalls keine Chance, glücklich zu sein.»

Andere Menschen wiederum vermuten, daß die Wahrscheinlichkeit, ein glückliches Leben führen zu können, proportional steige zur Bereitschaft, Risiken einzugehen. Angenommen, diese Vermutung träfe zu, wie sähe die Welt dann wohl aus? (Wir ersparen uns die Antwort.)

Wieder andere sehen in ihrem Verzicht auf allzuviel Glück einen Akt der Solidarität mit den Mühseligen und Beladenen dieser Welt. Sie leben nach dem Motto: «Wer bin ich denn, mir soviel Glück herauszunehmen, wenn überall nacktes Elend herrscht?» Nach dieser Version der Glücksverhinderung begeht jedes unstatthaft glückliche Individuum, das sich erdreistet, sein Haupt nur einen Millimeter über das durchschnittliche Glücksniveau zu erheben, fast schon ein Kapitalverbrechen. Womöglich kommt die Unglückspolizei und gibt ihm etwas auf den Deckel. Irgendwie wird man für sein Glück schon zu büßen haben, auch wenn einem niemand verraten kann, wieso und weshalb!

Unser Fazit aus all diesen Beobachtungen lautet: *Die meisten Menschen haben irgendwann in ihrem Leben gelernt, mit ihrem Glück hauszuhalten.* Es ist ihnen gelungen, damit möglichst nicht aus dem Rahmen zu fallen. Ihr (unbewußtes) Lebensmotto heißt: Lieber halbglücklich in Deckung bleiben, als mit dem eigenen Glück auffällig werden. Diese besondere Art vornehmer Zurückhaltung stößt in aller Regel auf die bereitwillige Akzeptanz unserer Mitmenschen. Sie werden uns dafür zwar nicht unbedingt loben, uns aber gewiß auch keinen Strick daraus drehen. Muß das sein? Ist Knausrigkeit in Sachen Glück wirklich unserer Weisheit letzter Schluß? An diesem Punkt sei ein Ausflug ins Reich der Phantasie gestattet:

Auf einem fernen, fernen Planeten, der mit der Erde garantiert nichts zu tun hat, lebten einst Milliarden Wesen recht und schlecht vor sich hin. Sie sehnten sich danach, glücklich zu sein! Doch sie wurden es nicht. Mit ihrem sehnlichsten Wunsch hielten die Bewohner dieses Planeten allerdings konsequent hinter dem Berg. Unbewußt bewahrten sie sich mit Erfolg davor, an ihrem Zustand etwas zu ändern. Jeder einzelne von ihnen war nämlich felsenfest davon überzeugt, daß es ein enormer Frevel sei, das Glück beim Schopfe zu packen. Sie alle meinten, daß die anderen es furchtbar krummnehmen würden, wenn man es dennoch täte. Also ließen sie es lieber sein, in stiller Eintracht an ihrem Glauben festhaltend. In unverbrüchlicher Treue zueinander verzichteten sie darauf, ihren Dämmerzustand irgendwo zwischen Glück und Unglück aufzugeben. Was diese Wesen nicht wußten, war, daß sie vom Glück eigentlich nur eine dünne Linie trennte. Denn wie der Teekessel, der lange genug auf der heißen Herdplatte steht, irgendwann nur noch ein einziges Grad zusätzlicher Hitze benötigt, damit das Wasser in ihm kocht und brodelt, so hätte es auch auf jenem Plane-

ten auch nur eines einzigen Bewohners bedurft, eines einzigen, wirklich von Herzen glücklichen Wesens, und der ganze Planet hätte im Überfluß des Glücks baden können.

Doch so weit kam es nicht auf jenem Planeten. Leider. Keiner wagte den ersten, kleinen Schritt zu tun. Es blieben alle kurz davor. Und deshalb ist das Leben der Wesen in dieser fernen, fernen Welt auch heute noch genauso fad wie damals, aus den wohlbekannten Gründen.

Wie glücklich können wir uns da schätzen, auf dem Planeten Erde zu leben! Gab es hier doch immerhin stets einige neugierige Geister, die sich aller unbeschreiblichen Not und allen Widrigkeiten zum Trotz nicht davon abhalten ließen zu fragen: *Hat das Glück eine Obergrenze – oder glauben wir nur, daß es sie gibt?* Und, wenn letzteres der Fall ist: *Wer hat uns diesen Glauben eingebrockt?* Die Natur, Gott, die Eltern oder mißliche Umstände? Und wenn sich diese Grenze bei näherer Prüfung als durchlässig erweist – was hat das für Auswirkungen auf unser Leben, unsere Beziehungen, unser Selbstverständnis? Resultieren die Beschränkungen unseres Glücks etwa aus beschränkten Annahmen über das Maß an Glück, das uns zusteht? Dann wäre die Veränderung dessen, was sich in uns an Vorstellungen über das Glück her ausgebildet hat, der beste Beitrag zur weiteren Entfaltung desselben.

Wir alle verfügen grundsätzlich über dieselbe psychophysische Grundausstattung. Bach und Beethoven hatten dieselben Tasten auf der neurologischen Klaviatur wie Lieschen Müller, aber durch ihr künstlerisches Vermögen haben sie die Töne so aneinandergefügt, daß das Ergebnis ein besonderes war. Welches sind die Glücksakkorde, die wir auf unserem Körper-Geist-Seele-Klavier noch nie gespielt haben, welche Fugen und Sonaten des menschlichen Empfindens können wir komponieren, zu welchen ungeahnten Improvisationen über die Möglichkeiten des Lebens können wir uns aufschwingen? Die Antwort darauf gibt kein Bach, kein Beethoven und keine Lieschen Müller. Diese Antwort geben nur wir selbst.

Wie ein roter Faden ziehen sich die Reflexionen über das Glück durch die Geschichte. Die Verheißungen des Glücks wirken auf den menschlichen Geist wie die Kunde von einem neuen Blütenfeld auf den Bienenstock: Die Botschaft wird ernstgenommen, auch wenn noch so große Umwege zu bewältigen sind. Pioniere des menschlichen Fortschritts haben niemals lockergelassen, von den Weisen des Orients, die das Glück in der Befreiung vom Karma erkannten, bis zu den Autoren der amerikanischen Verfassung, die das Glücksstreben zum unveräußerlichen Menschenrecht erklärten. Aktuell läßt sich der Glücksimpuls bei ungezählten Menschen wiederfinden, die Workshops und Seminare zur Selbstverwirklichung besuchen oder Therapieformen praktizieren wie das NLP, auf das dieses Buch sich insbesondere bezieht.*

* Das NLP ist mittlerweile seinen Kinderschuhen entwachsen, so daß man nicht mehr bei jeder Nennung erwähnen muß, daß es sich bei den drei Buchstaben um ein Kürzel für «Neurolinguistisches Programmieren» handelt. Über diese vieldiskutierte Kommunikations- und Therapierichtung, deren Leitlinie fürs Handeln nicht das Problem, sondern das erfolgreiche menschliche Kommunizieren ist, liegt mittlerweile eine stattliche Zahl von Veröffentlichungen vor, zum Einstieg wie auch zur Weiterführung.
Der Zweck des vorliegenden Buches ist nicht eine Diskussion des NLP, sondern ein Beitrag zur Entfaltung des Glücks. Gleichwohl wurde es aus dem kreativen Geist des NLP heraus geschrieben und bezieht sich wiederholt auf seine Theorie und Praxis. Vorkenntnisse sind jedoch nicht erforderlich. Insofern richtet sich dieses Buch an alle NLPler und die, die es bestimmt nie werden wollen.

16

Die Frage «Wieviel Glück verträgt der Mensch?» brennt uns manchmal auf den Nägeln, und manchmal ist sie nur im Unbewußtsein aufzuspüren. Ganz verschwunden aber ist sie nie. Glücklicherweise.

Viele Generationen von Menschen haben einen unglaublichen Einfallsreichtum bewiesen, um vor sich selbst und anderen Hindernisse auf dem Weg zum Glück aufzutürmen. Andere haben versucht, diese Hindernisse wieder aus dem Weg zu räumen. Vielleicht können wir uns mit demselben Einfallsreichtum auch gegenseitig anspornen, unseren Glückshorizont zu erweitern. Oft bedarf es nur eines kleinen Anstoßes, einer verlockenden Aussicht, einer faszinierenden Vision, damit das Schwungrad der Kreativität in Bewegung kommt und dem Glücksstreben eine Richtung gewiesen wird. Das ist das Ziel, dem dieses Buch verpflichtet ist. Es spürt die Fäden des Glücklichseins im Labyrinth der täglichen Erfahrung auf. Und es lädt zu inneren Exkursionen ein, um diese Fäden zu ergreifen und bewußt weiterzuspinnen. Dem liegt die Erfahrung zugrunde, daß, wer gelernt hat, sich mit einem chronischen Glücksmangel abzufinden, es auch lernen kann, sich mit dem allgegenwärtigen Gegenpol dieses Mangels anzufreunden: dem unendlichen Reichtum an Glück, der unser harrt.

Falls es in der Zukunft den Berufsstand der «Glücksarchäologen» geben sollte, die erforschen, wie in der Vergangenheit mit dem Glück umgegangen wurde, dann werden sie als das größte Manko unserer Zeit den Glauben erkennen, daß das Glück ein knapp bemessenes Gut sei, mit dem wir so sparsam umzugehen hätten wie mit dem Haushaltsgeld. Glück zu empfinden, der Empfindung des Glücks Raum zu gewähren und diese Empfindung zu vermehren ist eine Fähigkeit wie Lesen und Schreiben, Schwimmen oder Fahrradfahren. Sie brachliegen zu lassen empfiehlt sich wirklich nicht. Noch ein Manko würde den zukünftigen Glücksarchäologen auffallen: der Glaube, daß uns das Glück etwas schulde. Es verhält sich genau umgekehrt: Wir stehen beim Glück in der Kreide, wir haben es aus eigener Nachlässigkeit versäumt, dem Glück die Ehre zu geben. Das Glück aber verhält sich wie wir selbst: Es ist beleidigt, wenn wir es ignorieren. Ein baskisches Sprichwort lautet: «Wenn du das Glück nicht lebst, das in dir steckt, wird es dich ins Gegenteil stürzen.» Glück als ein immerwährender Idealzustand mag ein unerreichbares Ziel sein. Das heißt aber nicht, daß das Streben nach Glück verfehlt wäre – es heißt nur, daß man durch sein eigenes Tun am Prozeß einer ständigen Vervollkommnung des Glücks teilnehmen kann und soll.

In diesem Sinne ist das Glück tatsächlich unvermeidlich, und doch läßt es sich nicht backen wie ein Kuchen. Mag es in vielen Schnulzen auch so besungen werden – das Glück taugt nicht als der rosa Zuckerguß, mit dem man alle problematischen Bereiche überzieht, um sich eine ernsthafte und direkte Beziehung zur Welt zu ersparen. Wer das glaubt, wird der Komplexität unserer Erfahrung und der Raffinesse unserer Entwicklung nicht entfernt gerecht.

Wenn wir auf der Höhe unserer Möglichkeiten leben, wird es uns glücken, unseren notwendigen Beitrag zu dem Glück, das wir ersehnen, zu leisten. Das ‹geglückte Glück› ist eine Einladung dazu, daß wir uns auf der Stufenleiter der uns möglichen Erfahrungen eine Oktave höherschwingen. Verstehen Sie dieses Buch als eine Einladung, nämlich zur Selbstprüfung: ob nicht auch Sie mehr Glück ertragen – und erzeugen – können, als Sie jetzt noch zu glauben gewohnt sind.

GLÜCK UND GNADE DES PROBLEMS

Das Wechselspiel von innerem und äußerem Realitätserleben

«Irgendwann wirst auch du beschenkt – und zwar reich-lich!» So könnte das Resümee aus jenem berühmten Glücksmärchen der Gebrüder Grimm lauten, der Ge-schichte vom Sterntaler. Das redliche, aber arme Mädchen, das an seiner Armut schier verzweifelt, braucht eines Nachts nur die Schürze zu öffnen, um seine Träume zu er-füllen, denn die herunterfallenden Sterne sind zu Golddu-katen geworden. Wahrlich: Wenn der Himmel seinen Jackpot ausschüttet, erübrigt sich jede weitere Diskussion. So wunderbar – und so wunderbar einfach – kann nur das Glück sein!

Eine ganz andere Lektion zum Thema wird dem Mär-chenhelden Hans im Glück erteilt. Sein Glück findet er nicht darin, immer mehr Werte anzuhäufen, sondern sie möglichst elegant loszuwerden. Das Pferd tauscht er gegen die Kuh, die Kuh gegen das Schwein, das Schwein gegen die Gans, die Gans gegen das Mühlrad. Und jedesmal fühlt sich Hans im Vorteil. Ganz komplett wird sein Glück, nachdem er auch noch das Mühlrad in einen Brunnen geworfen hat und er schließlich ohne jeden Besitz – und damit ohne alle Last – dasteht. Sein Resümee könnte lauten: «Es kommt nicht darauf an, was du hast, es kommt nicht darauf an, was du findest, es kommt nicht darauf an, was du verlierst – es kommt darauf an, wie glücklich du dabei bist . . .»

Die angeführten Märchen stehen für zwei unterschiedliche, sehr geläufige Spielarten des Glücks. Es gibt natürlich noch viele andere, die eigentlich nur miteinander gemeinsam haben, daß sie alle einen wahren Kern besitzen – allerdings ohne daß es in der Realität so etwas wie einen Rechtsanspruch auf diese oder jene Variante gäbe. Und doch verraten Sterntaler und Hans im Glück, wie alle Märchenhelden, etwas über die Möglichkeiten, die in jedem von uns schlummern.

Sich daran zu erinnern tut gut. Denn längst ahnen wir, daß wir unser tatsächliches Potential nicht auch nur annähernd ausschöpfen. Vieles von dem, was uns helfen könnte, glücklich zu sein, haben wir noch nicht einmal entdeckt. Das müssen wir aber, um uns am eigenen Schopf aus dem Sumpf zu ziehen. Eine Alternative dazu ist nicht in Sicht!

In einer Welt, die sich nicht nur täglich ändert, sondern deren Veränderung sich auch noch immer weiter beschleunigt, stehen wir vor Problemen und Herausforderungen, die mit Lösungen von gestern nicht mehr zu bestehen sind. Können wir angesichts dessen überhaupt von Glück reden? Kann, wer Probleme hat, kein Glück mehr haben? Anders herum: Hat, wer Glück hat, keine Probleme mehr?

An deutlichen Hinweisen, daß uns das Wasser eigentlich bis zum Halse steht, mangelt es nicht. Interessanterweise hat es daran jedoch auch in der Vergangenheit nie gefehlt.

Irgendwie haben sich unsere Vorfahren jedoch zu helfen gewußt, auch wenn die Ratlosigkeit streckenweise übermächtig war, auch wenn die Prüfungen des Schicksals zur Verzweiflung einluden. So gesehen, können wir von Glück sagen, daß wir es geschafft haben, überhaupt noch am Leben zu sein, mit den vereinten Kräften aus Vergangenheit und Gegenwart, mit unseren Ahnen namens Sterntaler, Hans im Glück und vielen anderen.

Irgend etwas an der Evolution scheint unverwüstlich zu sein, irgend etwas scheint Homo sapiens in die Lage zu versetzen, sich auch in der größten Kalamität durchzuwursteln, nach vorne, wo er mit unverwüstlichem Starrsinn sein Glück vermutet. Irgend etwas läßt uns ahnen, *daß die Fähigkeit zur glücklichen Wendung zur Grundausstattung unserer Gattung gehört.* Diese charakteristische Eigenschaft ist uns nicht von außen anzusehen, wie der aufrechte Gang oder der den anderen Fingern gegenübergestellte Daumen. Die Fähigkeit zur glücklichen Wendung gehört zu unserem unsichtbaren inneren Arsenal an Möglichkeiten. Wir mögen sie zeitweilig leugnen oder in Zweifel ziehen, sie vernachlässigen wie einen Garten, in dem niemand Unkraut jätet und die Ernte dem Zufall überlassen bleibt. Wir können unsere Fähigkeit zur glücklichen Wendung aber auch vervollkommnen und ihre Weiterentwicklung in den Mittelpunkt unserer Bemühungen stellen.

Was wir auf Dauer gewiß nicht können, ist, so zu tun, als ließe uns die Frage kalt, wie aus einer inneren Fähigkeit eine reale Wirkung im äußeren Leben werden kann. Niemand wäre so naiv zu glauben, daß sich das Innere nicht im Äußeren widerspiegelt. Man diskutiert über diesen Zusammenhang bereits in fortgeschrittenen wissenschaftlichen Modellen wie der Psychoneuroimmunologie, man trifft ihn in der Alltagspsychologie als «positives Denken» wieder. Spannend wird die Sache aber dann, wenn wir in einer Krise stecken, wenn die alten Wege versperrt sind und die Motivation, sich zu ändern, stark genug wird, um eine neue Vereinbarung zwischen Innenwelt und Außenwelt zu treffen. Beispielsweise, indem man fragt: «Kann es sein, daß ich durch diese Krise auf ein inneres Ungleichgewicht gestoßen werde, das sich unsichtbar macht hinter den Verstrickungen, die es im Äußeren bewirkt?»

Wer mit einer solchen Fragestellung die Gesetzmäßigkeiten erkundet, nach denen sich Krisen in Chancen transformieren, ist auf ganz handfeste Art in der Lage, selbständig handelnd das eigene Leben – und vor allem: das bisher unbewußte innere Erleben – in die eigenen Hände zu nehmen.

Wir wissen nicht, wie in allen Einzelheiten das Wechselspiel von innerer und äußerer Realität in unserem Erleben funktioniert – dafür ist unsere psychische Organisation nicht einfach genug. Vor dem Unwissen kapitulieren können wir aber auch nicht – dafür ist unser Glaube an die glückliche Wendung einfach zu stark. Wir bleiben darauf angewiesen, mehr oder weniger exakte Modelle zu erstellen, die wir ständig unseren Erfahrungen angleichen, um sie dadurch immer weiter zu verfeinern.

Mit der sogenannten Krise – die in Wahrheit eine Einladung zur Ausschöpfung des eigenen Potentials ist – reift auch der Mut heran, an den eigenen Problemen zu arbeiten. Man spürt, daß jetzt an dieser Auseinandersetzung kein Weg mehr vorbeiführt, will man seinem Glück wirklich auf die Schliche kommen. Das mag sich anfangs so ähnlich anfühlen, als wolle man einen Dachboden aufräumen, in dem jahrzehntelang nur Plunder abgelegt wurde. Höchstwahrscheinlich stapelt sich dort auch noch Gerümpel von Eltern und Großeltern. Auf den ersten Blick sieht das alles nicht gerade vielversprechend aus. Man schreckt zurück und denkt: «Um Gottes willen, wie soll ich das jemals wieder in Ordnung bringen?»

Macht man sich jedoch endlich die Mühe, tatkräftig zu entrümpeln, entdeckt man unter all dem verstaubten Kram plötzlich etwas Nützliches, vielleicht sogar echte Kostbarkeiten – und falls nicht, so ist zumindest Raum für etwas Neues geschaffen. Und das wäre bestimmt nicht das Schlechteste. Denn in unserer Erkundung des Glücks werden wir uns ganz neue Fragen, Antworten und Anregungen zu stellen haben. Auch auf die Gefahr hin, uns dabei von einigen liebgewonnenen Illusionen verabschieden zu müssen.

Die orale Illusion

Es war einmal ein junger Mann, der war auf Wohnungssuche. Auf der Couch eines Freundes fand er vorübergehende Aufnahme. Die Suche nach der Wohnung zog sich jedoch ein ums andere Mal in die Länge, und auch sonst entwickelte sich seine Lage nicht unbedingt zum Guten; im Gegenteil, jedes neue Scheitern schien weitere Mißerfolge nach sich zu ziehen. Zunächst sah es der Wohnungsinhaber kommentarlos mit an, wie sein Gast wesentlich mehr aus dem Kühlschrank herausnahm, als er je würde wieder hineintun können. Eines Tages lieh sich der junge Mann auch das Auto seines Gastgebers, um, wie er sagte, einem ‹todsicheren› Wohnungs- und Jobangebot nachzugehen. Daraus wurde aber wieder nichts. Auf der Rückfahrt verursachte er noch einen Auffahrunfall mit erheblichem Sachschaden an beiden Fahrzeugen. Nun platzte

dem Gastgeber der Kragen, und er machte dem Gast deutliche Vor-
haltungen. Der schaute ihn völlig entgeistert an und sagte: «Aber
wieso? Wir sind doch Freunde!»

Wir sollten in diesem Konflikt nicht innerlich Partei ergreifen, sondern ganz nüchtern feststellen: Dieser «Pechvogel»
verkörpert ein bestimmtes Modell von Glück. Dieses mag
zwar kraß zu jenem Extrem hin ausgeprägt sein, das man
«Unglück» nennt. Das heißt aber nicht, daß das zugrundeliegende seelische Muster – die hier gegebene ‹Vereinbarung zwischen Innen- und Außenwelt› – eine Seltenheit
wäre. Dieses Modell von Glück beruht auf der oralen Illusion: der ebenso chronischen wie unbewußten Überzeugung, man könne ständig an der dicken Mutterbrust saugen,
und es gäbe auf dieser Welt unausgesetzt göttlichen Met zu
trinken. Wer in dieser Illusion lebt, möchte passiv empfangen, und sonst gar nichts. Dahinter steckt ein psychisches
Axiom, das am ehesten mit dem Bild von Jungvögeln beschrieben ist, die mit aufgerissenen Schnäbeln signalisieren:
«Mein Überleben hängt davon ab, daß du mich fütterst.»
Was in dieser Entwicklungsphase eines jungen Rotkehl-
chens durchaus angemessen ist, verwandelt sich in ein Han-
dicap, wenn es ins Erwachsenendasein mitgeschleppt wird.
Breitet sich die orale Illusion dort allzu hartnäckig aus, führt
dies zu einer anmaßenden Anspruchshaltung. Stets werden
die anderen für zuständig erklärt, um für Nachschub zu sorgen, wenn der Glücksfluß einmal unterbrochen ist – nicht
etwa man selbst. Wem die eigene Bewußtseinsentwick-
lung, die persönliche und spirituelle Evolution ehrlich am
Herzen liegt, der muß sich wohl oder übel von dieser oralen
Illusion befreien. Es gilt, eine Entscheidung zu treffen: Entweder man bleibt passiv, trotzig, vorwurfsvoll und rechtha-

berisch, weil man sich als Opfer unglücklicher Umstände versteht, an denen man selbst unschuldig ist, oder man riskiert, eine tätige, selbstverantwortliche, ernsthafte Auseinandersetzung mit dem Glück zu führen.

Der zweite Weg hat nicht das Glitzercharisma wie ein Jackpot-Gewinn in Las Vegas, diesem modernen Gegenstück zum Märchen vom Sterntaler. Aber er hat den kleinen Vorteil, wesentlich realistischer zu sein. Dieser Weg beschert langfristig ein zufriedeneres Leben und stärkeres inneres Wachstum, gerade auch weil er einen souveränen Umgang mit den unangenehmen Gefühlen im Hier und Jetzt erfordert.

Erfahrungsgemäß haben Menschen, die mit diesen Tatsachen am besten klarkommen, eine bestimmte psychische Disposition. Diese Menschen zeichnen sich dadurch aus, daß sie *Schwierigkeiten als eine Aufforderung zur Veränderung annehmen*. Diese Menschen haben gelernt, wie man *Probleme als Gnade erleben* kann. Menschen, die diese Haltung verinnerlicht haben, sind in allen sozialen Schichten zu finden. Neben einer positiven Grundeinstellung verfügen sie über eine gehörige Portion Entschlossenheit, gegen das Problem von heute nicht wie gegen eine undurchlässige Wand anzurennen, sondern es mit Eleganz und Geschick als Sprungbrett für das Glück von morgen zu nutzen. Sie wissen aber auch: Es bedarf einer bemerkenswerten Portion Demut, um zu akzeptieren, daß ein Glück schon bald wieder in ein noch raffinierteres Problem umschlagen wird. Nicht zu vergessen, daß sie auch jenes erforderliche Quantum Weisheit aufbringen, welches nötig ist, um auch dieses um so raffiniertere Problem wieder als eine Gnade zu verstehen, als ein Sprungbrett, das einem zum nächstgrößeren Glück verhilft – und so weiter und so fort . . .

Eines Tages kam der junge Mann zu der längst überfälligen Einsicht, daß es mit ihm so nicht weitergehen konnte. Statt sich weiterhin Wolkenkuckucksheime zu erbauen, für die der nächste Fehlschlag schon vorprogrammiert war, suchte er sich einen Job, der seinen Fähigkeiten entsprach. Er fand eine Wohnung und brauchte seinen Freunden nicht länger zur Last zu fallen, kurz, er hatte ein paar sehr konkrete Probleme weniger. Doch damit brach in seinem Leben nicht die unendliche Seligkeit aus. Er ging eine feste Beziehung ein, in seinem Beruf wurde er mit zusätzlichen Aufgaben betraut, über kurz oder lang wurde er Abteilungsleiter. Jetzt hatte er nicht etwa keine, sondern andere Probleme: Seine Freundin wünschte sich ein Kind von ihm, sein Chef wollte ihn als Teilhaber in der Firma, und er mußte entscheiden, ob, wo und wie er sein Geld anlegen sollte.

An diesem Punkt seiner Entwicklung hatte er nicht etwa ein Patentrezept, wie es weitergehen sollte. Und doch sehnte er sich keineswegs zurück zu den Problemen, die er hatte, als er noch auf der Couch seines Freundes nächtigte . . .

Wer die vielbesungene ‹Reise ins Glück› als Bewußtseins- und Wachstumsprozeß versteht, begibt sich in eine spiralige Aufwärtsbewegung: immer wieder im Kreise, aber doch auch ständig nach oben. Wobei die einzelnen Phasen keineswegs immer lustig sind. Aber gibt es wirklich etwas Spannenderes, als auf dieser Spirale unterwegs zu sein? Gibt es überhaupt eine Alternative dazu? In meiner Arbeit erlebe ich es häufig, daß am Anfang dieser Spirale inneren Wachstums ein geradezu honeymoonartiges Gefühl von Glück steht. Im therapeutischen Zusammenhang tritt es meist in dem Moment auf, da uralte Probleme sich endlich lösen lassen: Jemand hört mit dem Rauchen auf, ein Autoritätskomplex verschwindet, Beziehungspartner finden aus der Sackgasse – was auch immer. In diesem euphorischen Hochgefühl glaubt man, dies sei jetzt die finale Lösung aller Probleme für den Rest des Lebens. Doch die optimistische Verallgemeinerung «Hast du *ein* Problem gelöst, hast du sie *alle* gelöst», greift zu kurz. Das Happy-End war real, aber nur vorübergehend. Man kommt schnell zu der ernüchternden Erkenntnis, durch die Auflösung eines alten Problems auch etwas aufs Spiel gesetzt zu haben – nämlich die bisherige Stabilität des Lebens.

Probleme, so unangenehm sie sich auch auswirken mögen, haben nämlich die nicht gerade unangenehme Nebenwirkung, unser Leben zu stabilisieren – chronisch zu stabilisieren. Das ist einer der unbewußten Gründe, warum viele Menschen es vorziehen, gar nicht erst an ihren Problemen zu rütteln, und sich mit ihnen lieber mehr schlecht als recht arrangieren. Um es auf die Spitze zu treiben: Je schwerer das Problem, desto stabiler das Leben. Die Gewißheit, ein gewichtiges Problem zu haben, gibt einem neben der Last eben auch Halt, manchmal sogar eine persönliche Besonderheit, die man nicht ohne weiteres aufgeben möchte. *Wer weiß, worunter er leidet, weiß, was er daran hat.* Für Menschen mit ausgeprägtem Sicherheitsbedürfnis ist dieses Axiom auf unbewußter Ebene ein Argument, ihr Problem doch lieber zu behalten, als die liebgewonnene Sicherheit aufs Spiel zu setzen. In dem Augenblick aber, da der Schlüssel gefunden wird, sei es in der Therapie oder anderswo, und das Problem nicht mehr existiert, lebt man von einem Tag auf den anderen in einer veränderten, enorm beweglichen, verunsicherten Welt.

Im Umkehrschluß hieße das: *Je größer das Glück, desto unbekannter die Welt.* Plötzlich ist man seine Last los, und man segelt ungewiß durchs Leben wie Kolumbus übers Meer.

Dort aber stimmen die Landkarten nicht mehr, mit denen man sich in der Alten Welt ganz gut zurechtgefunden hat. Der gewohnte Trott läßt sich nicht mehr aufrechterhalten, und die nostalgische Sehnsucht, den nicht unbequemen Zustand wiederherzustellen, hilft auch kein bißchen weiter. Die Situation erweist sich als prekär und erfordert ungewohnt viel Energie, um neue Orientierungen im Verhalten zu verankern.

Wer lange Zeit eine bestimmte Umleitung zur Arbeit fahren mußte, muß sich umstellen, wenn plötzlich die neue Verkehrsführung freigegeben wird, auch wenn das Ziel jetzt viel bequemer zu erreichen ist als vorher. Mit dem Glück ist es ganz ähnlich: Es macht einen wieder zum Anfänger im Leben. Das Nervensystem des Glücklichen sorgt für eine neue Verkehrsführung der Seele. *Beginner's luck*, das Glück des Anfängers, paart sich entweder mit neuem Lernen, oder der Glücksschuß geht nach hinten los. Mit der neuen inneren Verkehrsführung treten nun auch neue Probleme ins Bewußtsein, die bisher gar keine Chance hatten, ans Licht des Tages zu kommen, weil sie vom früheren Problem überlagert wurden. Rückblickend scheint es dann oft so, als habe man sich ein bestimmtes Problem wie ein Haustier gehalten, nur um an den tieferen Konflikten nicht rühren zu müssen.

Weiterentwicklung in dem Sinne, daß man alte Probleme abhaken kann wie eine Einkaufsliste, mit der man irgendwann einmal ‹durch› ist, produziert also nicht automatisch einen ununterbrochenen Strom von Glücks- und Zufriedenheitsgefühlen, sondern etwas ganz anderes, nämlich qualitativ hochwertigere Probleme. Diese Tatsache innerlich annehmen zu können ist das Geheimnis jener Menschen, die ihre Probleme als Gnade betrachten.

Hotel Europa – Hotel California

Es war einmal ein frisch verheiratetes Paar, das überlegte sich, wo es wohl die Flitterwochen verbringen sollte. Die beiden gingen in ein Reisebüro und ließen sich verschiedene Prospekte zeigen. Ein Abenteuerurlaub auf einer fernen Insel sprach sie besonders an. «Sie haben dort zwei Hotels zur Auswahl», sagte die Dame vom Reisebüro, «das Hotel Europa und das Hotel California. In welchem möchten Sie wohnen?»

«Da müßten wir erst einmal mehr darüber erfahren, was diese Hotels auszeichnet und worin sie sich unterscheiden», sagte der junge Mann, denn er wollte sorgfältig prüfen, worauf er sich mit seinem jungen Eheglück einlassen würde . . .

Daß die Welt dort draußen doppelt und dreifach so schön ist, wenn man sie durch verliebte Augen sieht, weiß jeder Mensch, der schon einmal verliebt war; und jeder Mensch kann das Verliebtsein genießen, ohne dafür detaillierte biochemische Erklärungen parat zu haben.

Was man in der äußeren Welt vorfindet, hängt davon ab, was man im Innern für möglich hält. Der Vorsichtige bewegt sich anders als der Übermütige, der Skeptiker kommt zu anderen Schlüssen als der Enthusiast. Jeder von uns hat gelernt, in diesem Kontext vorsichtig zu sein, in jenem seinem Übermut Lauf zu lassen, auf bestimmte Signale mit Skepsis zu reagieren, auf andere mit Begeisterung. Was ein Individuum für möglich hält, hängt also nicht nur von ihm selbst ab, sondern vor allem auch vom sozio-kulturellen Umfeld, von dem es geprägt wurde.

Wer viel unterwegs ist im globalen Dorf, das dieser Planet heute ist, kommt nicht umhin, von tiefverwurzelten kulturellen Unterschieden Notiz zu nehmen. Ihm wird zum Beispiel auffallen, daß das intellektuelle Klima Europas stärker von einer skeptischen Grundhaltung geprägt ist als das Kaliforniens. Diese Tatsache bleibt nicht ohne Auswirkung auf die Erziehung, auf das vorherrschende Lebensgefühl, auf Denkgewohnheiten, die in ihrer prägenden Kraft sogar mythenbildend sein können. Wer kennt nicht die Bilder der von Sonne, Surf und San Francisco verwöhnten schlanken Glückskinder? Die Kalifornier surfen auf den vordersten Wellen von Bewußtseins-Technologien, die auf allumfassender Glückseligkeits-Versprechung basieren. Aerobic, Trennkost, Wellness oder NLP sind nur einige davon. Was früher das Schlaraffenland war, ist heute Kalifornien. Beim Mythos wie beim Märchen ist es zweitrangig, wieviel Wahrheit dahintersteckt – solange die Faszination wirkt. Und es ist unbestreitbar, *daß* der kalifornische Mythos wirkt: als Wille und Vorstellung, als Traumbild eines Lebens in ununterbrochener, sonnenbeschienener Glückseligkeit. Und wenn's geht, bitte, dazu auch noch verliebt sein in ein Dreamgirl oder einen Dreamboy. Nennen wir das einfach den *Mythos vom Hotel California*. Hotel California kann überall sein. Wer dort psychisch eincheckt, möchte die Extremform des amerikanischen Traums abonnieren: Total Fun and Happyness, ununterbrochen, Day and Night. Und taucht doch mal ein Problem auf, dann haben wir die ultimative Supertechnologie zur Hand – ein Griff in die Wundertüte, und der Fall ist erledigt, das Daseins-High ist gerettet.

So fragwürdig uns Europäern diese Auswüchse postmoderner Bewußtseinstechnologie auch erscheinen mögen – dahinter steht zweifellos eine sehr kreative Mentalität, aus der schon viele wirksame Methoden in Psychotherapie, Wissenschaft und Technik hervorgegangen sind. Aber das ist eben nicht die Mentalität, die hier bei uns in Europa einen guten Nährboden findet, um gesunde Wurzeln zu schlagen. Allerdings: Man muß ja nicht unbedingt das kulturelle Klima, in dem bestimmte nützliche Dinge entstanden sind, gleich mitimportieren, um ihre Vorteile zu nutzen. Letzteres aber bitte nur, wenn es funktioniert und wenn es wirklich hilft, Einschränkungen aufzuheben und Probleme zu lösen. Indem ich das sage, oute ich mich als Bewohner des Hotels Europa, der seinen Ausflügen ins Hotel California und den Begegnungen mit seinen Bewohnern enorm viel zu verdanken hat. Doch dieser Dank kann nicht darin bestehen, das kalifornische Glück einfach in den psychologischen Farbkopierer zu legen, womöglich mit den Beach Boys im Hintergrund.

Hedonistische Glücksphantasien, so sehr sie Menschen auch zur Veränderung motivieren können, sind in der Regel betriebsblind gegenüber den Zwischentönen, gegenüber der komplexen Dynamik seelischen Wachstums in Licht *und* Schatten. Von daher geht es hier weniger um die Entscheidung zwischen Hotel California und Hotel Europa – jedenfalls nicht in dem Sinne, ob nun das eine richtig, das andere falsch sei –, sondern um die Frage: Wann ist es in meinem Leben angemessen, in dem einen einzuchekken und wann im anderen? Wie entscheide ich, wann es Zeit ist, den Standort zu wechseln, sei es geographisch oder psychisch?

Was wir in Europa von der kalifornischen Lebenseinstellung lernen können, zumindest in meinem Modell der Welt, ist, den Prozeß der Weiterentwicklung und Veränderung nicht mit übertriebener Ernsthaftigkeit zu beladen. Es geht aber auch nicht darum, die problematischen Enden der Lebenserfahrung zu kappen und zu versuchen, sein

Domizil in einem Dauer-Happy-High-Zustand zu errichten. Wer aber hätte etwas davon, mit gesenktem Blick, sorgenzerfurchter Stirn und weihevollem Ernst ständig in den Abgründen der Existenz zu wühlen und dabei alles, was nicht Drama ist, für unseriös zu erklären? Mit ein wenig mehr Humor und innerer Leichtigkeit an die Beseitigung aller Hindernisse heranzugehen, einen gleichsam spielerischen Umgang mit den Grundproblemen menschlichen Seins zu pflegen und gleichzeitig mehr Verantwortung dem Ganzen gegenüber anzunehmen – könnte das nicht eine europäische Antwort auf das kalifornische Modell sein?

«Nun», fragte die Dame aus dem Reisebüro das jungvermählte Paar, «haben Sie sich entschieden, in welches Hotel Sie gehen möchten?»

«Ja!» sagten die beiden einmütig und flüsterten der Dame die Antwort so leise ins Ohr, daß niemand der Umstehenden sie hören konnte.

Das Familienerbe und die geglückte Ordnung

Ein Klient bemüht sich angestrengt um beruflichen Erfolg, eine glückliche Ehe, Gesundheit und Ausgeglichenheit. Gleichzeitig aber hintertreibt er alles, was dieses Ziel in greifbare Nähe rückt. Er teilt mir mit, er wolle Geschäftsführer werden, und läßt einfließen, er sei schon dreimal seinem Ziel ganz nahe gewesen, aber jedesmal, kurz bevor es zur Beförderung kam, habe er sich mit der Direktion angelegt und sei gefeuert worden. Oder es geschah irgend etwas, das sein Ziel wie Butter in der Sonne schmelzen ließ. Beim vierten Mal kam er zu mir und sagte: «Ich habe den Eindruck, ich mache das unbewußt, aber irgendwie absichtlich.»

Subjektiv hegen wir alle die Überzeugung: «Ich kann jede Menge Glück vertragen, ich möchte auf jeden Fall mehr davon haben!» Um so spannender aber ist die Frage, warum dieses Bekenntnis im Alltag meist so seltsam folgenlos bleibt. Da die materiellen Grundbedürfnisse in den westlichen Industrieländern in einem Maß befriedigt sind, das unseren Vorfahren als unerreichbar erschien, können äußere Faktoren dafür wohl nicht ausschlaggebend sein.

Die gängige Erklärung dafür, daß Menschen, die es doch «sehr gut haben», sich dennoch nicht glücklich fühlen, lautet, die Welt sei eben nicht so beschaffen, daß man darin wirklich glücklich und zufrieden sein könne. Oder es wird eine trostlose Kindheit als Ursache dafür erkannt, warum man unglücklich ist und, wie man meint, wohl auch bleiben muß. An einer traurigen Kindheit aber kann man als Erwachsener wenig ändern, und an den äußeren Umständen beißen wir uns ebenfalls gern die Zähne aus, ohne positive Resultate vorweisen zu können. Bei derartigen Erklärungsmodellen bleibt offenbar nichts anderes übrig, als sich irgendwo auf einem mittleren Zufriedenheits- oder, besser gesagt, Unzufriedenheitsniveau einzurichten. Man arrangiert sich in der Routine des Lebens, ohne sich in diesem Zustand wirklich jemals wohl zu fühlen. Das Glück wird, wenn überhaupt, als eine variantenarme seelische Schonkost erlebt. Von einer schmackhafteren seelischen Nahrung träumt man gelegentlich zwar, tut aber in der Regel nicht genug dafür, daß daraus Wirklichkeit wird.

Die wahren Gründe für ein seltsam verhaltenes Engagement in Sachen Glück sind häufig, und dies ist kaum erstaunlich, in der Familie zu finden, aus der wir stammen. Fast alle Menschen haben erfahren, daß einer oder beide der Eltern, vielleicht auch andere wichtige Personen der

Sippe, auf ein beglückendes Leben verzichten mußten. Oft hat jemand zugunsten eines anderen seine eigenen Hoffnungen und Wünsche begraben, vielleicht eine große Leidenschaft nicht leben dürfen, vielleicht das Lebensziel in den Kriegswirren verloren. Oder beide Eltern liefen jahrzehntelang einem unerfüllbaren Traum hinterher und verbargen ihre Enttäuschung hinter einem ‹Leben auf Sparflamme›. In meiner therapeutischen Arbeit muß ich häufig erfahren, daß bei denjenigen, die im Brustton der Überzeugung ausrufen: «Moment mal, ich wäre mit Sicherheit gern glücklicher!», das Bewußtsein die Rechnung ohne das Unterbewußtsein aufmacht. Unser Unterbewußtsein ist nicht nur von unseren ureigenen Engeln und Dämonen bevölkert, sondern auch von denen naher und entfernter, lebender oder verstorbener Familienmitglieder. Sie alle drücken der Tiefenstruktur unserer Seele ihren Stempel auf.

Im Gespräch mit dem oben erwähnten Klienten stellte sich heraus, daß Geschäftsführer zu werden das höchste Ideal seines Vaters gewesen war. Doch der hatte das in seinem Leben nie geschafft, und so hatte der Klient diesen unerfüllten Wunsch seines Vaters übernommen. Gleichzeitig, auf einer unbewußten Ebene, fürchtete er sich aber, dieses Ziel zu erreichen, denn dieser Erfolg hätte die Solidarität mit dem Vater zerstört. Für diesen Mann war es, als ob er dann zu seinem Vater schäbigerweise sagen würde: «Ätsch, du hast es nicht geschafft, aber ich!» Nach der Logik des Unterbewußtseins wäre der Lebenserfolg des Sohnes gleichbedeutend mit dem Verlust der Bindung zum Vater gewesen – mehr noch, es wäre blanker Verrat! Also inszenierte er als guter Sohn unbewußt, aber gerade deshalb um so gekonnter, ein Lebensdrama, in dem es zu diesem Verrat gar nicht erst kam – sogar um den Preis, die eigenen Ziele zu opfern.

Tief im Innern, vor der bewußten Persönlichkeit verborgen, residiert häufig eine sanktionierende Instanz, die für einen freiwilligen, unbewußten Glücksverzicht sorgt. Deshalb sind Menschen bereit, freiwillig auf ein Leben, das sie glücklich machen würde, zu verzichten. Als Kind im System Familie hat man keine andere Wahl, als alles, was die Eltern tun und lassen, als Orientierungshilfe zu nutzen. Laufen, Denken, Sprechen, Auf-die-Toilette-Gehen gehörten genauso dazu wie fundamentale Glaubenssätze, hartnäckige Vorurteile oder auch ein lebenslanger Verzicht auf Glück. In der Welt des Kindes sind dies alles Fähigkeiten, die es sich zu beherrschen bemüht, indem es sie von den Eltern abschaut.

Es kann sein, daß sich darunter auch Verhaltensformen, ja ganze Weltbilder verbergen, die als unerlöstes Familienerbe von Generation zu Generation weitergegeben werden. Die einzelnen Familienmitglieder wissen in der Regel gar nicht, daß sie dieses Erbe empfangen haben, daß sie es mit sich herumtragen und ihrerseits an ihre Kinder weiterreichen werden. In ein Familiensystem hineingeboren zu werden, bedeutet, eine tiefe, unhintergehbare Bindung zu bestimmten Individuen aus diesem System einzugehen. Dem Kind bleibt die Erfahrung nicht erspart, daß wichtige Personen in seiner Familie nicht glücklich wurden, weil deren Versuch, ihr Traumschiff auf dem Ozean des Lebens ins Glück zu steuern, an den Umständen zerbrach.

Eine unbewußte Solidarität mit einer so vom Leben gezeichneten Person führt unweigerlich dazu, daß der erwachsene Mensch, wenn er beginnt, sein eigenes Leben zu leben und sein eigenes Schicksal zu erfüllen, vor der Vorstellung zurückschreckt, so glücklich zu werden, wie er es eigentlich wäre. Unwillkürlich spürt er, daß dies das Band der Solidarität zwischen ihm und dem betreffenden Familienmitglied kappen würde. Dem Tiefenbewußtsein ist es wichtiger, mit dem Scheitern von Vater oder Mutter in Solidarität zu leben, als das eigene Glückspotential auszuschöpfen.

So entsteht ein paradox anmutendes Programm der Selbstsabotage, der ‹freiwillige Verzicht auf Glück›. Seine Programmfunktionen lassen sich nicht per Dekret des Willens ausschalten. Gerade weil sie außerhalb des Bewußtseins ablaufen, ist das gesamte Programm auf verhängnisvolle Weise stabil. Mein Klient hatte den Nagel auf den Kopf getroffen, als er in einem Moment des erschrockenen Erkennens sagte: «Ich tue das unbewußt, aber irgendwie absichtlich.»

Da wir uns innerlich ein Leben lang im System Familie befinden, strickt man das einmal erlernte Muster womöglich auch sein Leben lang weiter, und dies gegen den eigenen erklärten Wunsch. Ist die Ordnung der Beziehungen in der Ursprungsfamilie nicht geglückt – und wo ist sie das schon? –, dann pflanzt sich das Manko in die Gegenwartsfamilie fort. Solche überindividuellen Gesetzmäßigkeiten zu beschreiben sowie Wege zu finden, um ver-rückte Systeme im therapeutischen Rahmen wieder zurecht-rücken zu können, ist ein Ansatz, der zum Beispiel im Rahmen der systemischen Familientherapie erfolgreich praktiziert werden kann. Positiv ausgedrückt lautet ihre Prämisse: *Die Fähigkeit, Glück anzunehmen und zu leben, hängt von der geglückten Ordnung in der Ursprungsfamilie ab.*

Das wirksamste Lösungsinstrument, das von systemischen Familientherapeuten angewandt wird, ist das Aufstellen einer Familienskulptur. Dabei wird dem Klienten eine plastische Idee davon vermittelt, wie sich die vorgefundene Un-Ordnung der Ursprungsfamilie rückverwandeln läßt in eine Erfahrung dessen, was der Familientherapeut Bert Hellinger die ‹Ordnung der Liebe› nennt. Ziel der Methode ist es, Vater, Mutter, Großeltern und andere wichtige Familienmitglieder ganz neu kennenzulernen, indem ihre Gefühle, ihr Verhalten und ihre Beziehungen in der therapeutischen Situation unter den Vorzeichen einer geglückten Ordnung dargestellt werden.

Das Aufstellen einer Familienskulptur beginnt mit einer Frage, die ein Klient in der Gegenwart hat. Sodann wählt er selbst aus der Therapiegruppe eine Anzahl von Mitwirkenden aus, die er bittet, die für sein Problem wesentlichen Personen seiner Ursprungsfamilie darzustellen. Sie tun dies nicht, indem sie schauspielern, sondern indem sie sich den Anweisungen des Klienten gemäß im Raum plazieren. Als Betroffener hat dieser eine innere Vorstellung von Nähe und Entfernung, von Spannung, Anziehung und Abneigung zwischen den beteiligten Familienmitgliedern. So unsichtbar diese Vorstellung auch in der Regel ist, ihre psychologische Wirkung ist für den Betreffenden geradezu dinglich präsent. In der Familienskulptur wird diese innere Vor-Stellung ganz real im Raum hingestellt und dadurch verbildlicht. Dank der Mitwirkenden in der Gruppe ist etwas möglich, was auf keinem Familienfest geschehen könnte: Menschen aus verschiedenen Generationen und Jahrhunderten kommen alle in einem Raum zusammen. Erreicht wird mit der Skulptur, daß die Familie als systemisches Ganzes sichtbar wird, als ein generationsübergreifendes Mobile, an dem man die Bewegungen, Beziehungen und Interaktionen der Einzelpersonen nacherleben und studieren kann. So wird das Geflecht der familiären Beziehungen sichtbar, das im Guten wie im Bösen auf jedes Mitglied einwirkt.

Der therapeutische Prozeß ist darauf ausgerichtet, ungleichgewichtige Beziehungen dieses Mobiles bewußtzumachen und wieder ins Lot zu bringen. Erreicht wird dies zum Beispiel dadurch, daß die Skulpturmitglieder sondieren, was geschieht, wenn sie ihre räumliche Position verändern. Notwendigerweise verändern sich dabei auch ihre Beziehungen untereinander. Die räumlichen Bewegungen innerhalb der Skulptur korrespondieren bestimmten Worten, Gesten und Gefühlen, mit denen die beteiligten Personen all das klären können, was zu klären ihnen im wirklichen Familienzusammenhang versagt war. Es ist klar, daß dabei auch traumatische Erfahrungen zum Vorschein kommen können, die sich über Generationen hinweg aufgebaut haben können. Es mag eine ganze Weile dauern, bis jedes Mitglied seinen angemessenen Platz im System erhalten hat und als der gewürdigt wird, der er ist.

Häufig erfährt der Klient, für den die Skulptur gestellt wird, dramatische Veränderungen in der Wahrnehmung dessen, was er sich selbst und seinen engsten Verwandten zutraut. Als Folge dieser erweiterten Wahrnehmung kann das Tiefenbewußtsein eine konkrete Vorstellung davon entwickeln, wie eine geglückte Ordnung, eine Ordnung der Liebe in der gegenwärtigen Familie aussehen könnte. Erst wenn diese Vorstellung als Orientierung verankert ist, wird aus der Bürde des Systems, der man vergeblich zu entrinnen trachtet, eine bindende Kraft, die man dankbar annimmt. Der Klient prägt sie sich als Bezugserfahrung ein, die ihm als Individuum und Mitglied des Systems ein neues Maß an Handlungsfähigkeit verleiht. Menschen, die den

Aufbau ihrer eigenen Individualität mit dem schmerzhaften Bruch mit dem familiären Beziehungsgeflecht verwechselten, verhilft der Blick auf die Wirkmechanismen des Systems Familie zu heilsamen Erschütterungen, beispielsweise zu der Einsicht: Ich kann mich allein fühlen, aber ich bin nie ohne Zusammenhang mit der Welt. Die Ausgangsfrage, die der Klient an die Familienskulptur gestellt hatte, erhält dadurch meist einen anderen Akzent, und der Betreffende selbst eine tiefgreifende Transformation. Der Ansatz der systemischen Familientherapie ist auch geeignet, um einen lauthals vorgetragenen, aber energetisch schwachen Ruf nach Glück zu erkennen und ihn zu unterscheiden von einem verborgenen, aber energetisch viel stärkeren Impuls, der auf Glücksverzicht programmiert ist.

Wer aufrichtig in den Spiegel des systemischen Familienzusammenhangs schaut, erkennt, daß das jeweilige Glücks- oder Unglücksniveau, auf dem sich das eigene Dasein eingependelt hat, genau dem entspricht, was man sich auf einer tieferen Ebene zu erfahren gestattet. Nicht mehr und nicht weniger.

Übung
Die Mini-Familienskulptur

Es gibt Probleme, die sich einer Lösung entziehen, solange diese allein auf der individuellen Ebene gesucht wird. Dies kann auf eine systemische Verstrickung hindeuten; das heißt, die Ursache des Problems liegt im über-individuellen Rahmen der Familie. Um es aufzulösen, müssen bestimmte Mechanismen und fehlgeformte Interaktionen, die sich in der Familie der jeweiligen Person vielleicht schon über Generationen hinweg ausgebildet haben, aufgedeckt und zurechtgerückt werden.

Das Bemühen, in diesem komplexen Feld angemessene therapeutische Werkzeuge zur Verfügung zu haben, hat in den letzten fünf Jahren zu einer spannenden Begegnung zwischen systemischer Familientherapie (Bert Hellinger) und NLP geführt. Verständnishorizont und Effektivität beider Disziplinen haben sich dabei erweitert.

Was immer die Ausgangsfrage des Klienten ist, die behandelt wird, man lernt in der Familienskulptur die atomisierte Sicht des Individums in Beziehung zum System Familie zu setzen und diese Beziehung realistisch einzuschätzen. Dabei scheidet sich die Spreu der Illusion vom Weizen der Realität, sowohl was unbewußte Problemquellen als auch was unbewußte Kraftquellen angeht.

Eine Familienskulptur für jemanden zu stellen ist ein intensiver Prozeß, für den die Mitwirkung der Gruppe und die Übersicht eines geschulten Therapeuten erforderlich ist. Obwohl die Familienskulptur nur als Gruppenprozeß voll entwickelt werden kann, ist ihre prinzipielle Wirksamkeit auch in «miniaturisierter» Form erfahrbar. Sinnvoll ist dies, wenn man eine Frage oder ein Problem bearbeiten möchte, bei dem ein Bezug zu Verhaltensformen, Glaubenssätzen, Tabus oder Unstimmigkeiten im System Familie erkundet werden soll.

Das Experiment läuft wie folgt: Nehmen Sie eine Reihe von Münzen, und erklären Sie sie zu einzelnen Mitgliedern Ihrer Familie. Fangen Sie mit den Münzen an, die Sie für Mutter und Vater vorgesehen haben. Plazieren Sie sie in genau der Entfernung zueinander, wie Sie es intuitiv für richtig halten. Anschließend plazieren Sie die Münze, die

Aufstellung einer Familienskulptur

Die Un-Ordnung der Beziehungen in der Ursprungsfamilie	wird rück- verwandelt	in eine geglückte «Ordnung der Liebe»

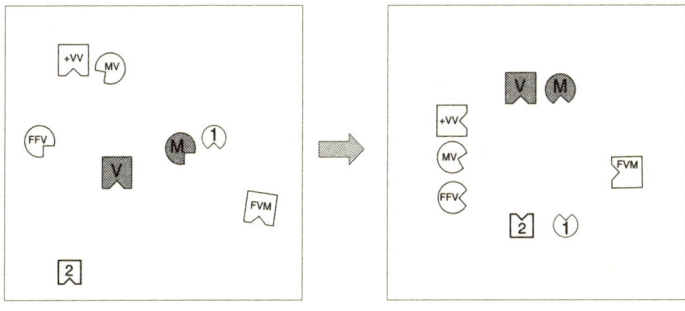

V   Vater

M   Mutter

1   Erstes Kind, Tochter aus der Beziehung mit dem Verlobten

2   Zweites Kind, Sohn von V und M (der Klient)

VV   Vater des Vaters; gestorben, als der Vater 3 Jahre war

MV Mutter des Vaters

FFV Frühere Frau des Vaters

FVM Früherer Verlobter der Mutter und Vater der Tochter

Der Übergang von der ersten Aufstellung zum Schlußbild geht über verschiedene Zwischenschritte vor sich. Wir haben diese hier ausgelassen. Näheres zu der Vorgehensweise entnehmen Sie bitte dem Buch «Ordnungen der Liebe» von Bert Hellinger.

Sie selbst sind, so, wie Sie sich zu Ihren Eltern jeweils hingezogen oder von ihnen abgestoßen fühlen. Vielleicht können Sie sich vorstellen, daß jede Münze eine bestimmte magnetische Ladung hat. Ihre Aufgabe ist es, darauf zu achten, daß die Lage der Münzen die Magnetkraft zwischen den beiden Eltern als auch zu Ihnen als Kind räumlich zum Ausdruck bringt. Wichtig ist auch, daß Sie sich die Blickrichtung der Beteiligten bewußtmachen. Folgen Sie dabei Ihrem Gespür, ganz aus dem Bauch heraus. Gruppieren Sie eventuell Großeltern, Kinder, Partner aus erster Ehe und andere wichtige Familienmitglieder, die für das gehandelte Thema von Bedeutung sind, in derselben Weise mit hinzu.

Wenn Sie die Münzen gelegt haben, sehen Sie eine Mini-Familienskulptur vor sich, die Darstellung eines Generationen überspannenden, systemischen ‹Wesens›, so wie es Ihrem inneren Bild von Nähe und Entfernung zwischen seinen einzelnen Gliedern entspricht. Lassen Sie Abstand, Position und Blickrichtung der Beteiligten einfach auf sich wirken, so wie es sich verhält, und betrachten Sie es besonders unter dem Aspekt möglicher Ungleichgewichte.

Um diese herauszufinden, gibt es konkrete Fragen, die man an eine Familienskulptur stellt, zum Beispiel:

- Wer ist das schwarze Schaf?
- Wer wurde nicht gewürdigt?
- Wer hat sich geopfert – für wen?
- Wer trägt ein Gefühl mit sich herum, das nicht ihm selbst gehört, sondern einer anderen Person im System, die dieses Gefühl nicht selbst ausgedrückt und gelebt hat?
- Wer trägt Glaubenssätze mit sich herum, die auf Erfahrungen beruhen, die nicht er selbst, sondern jemand anders im System gemacht hat?

Als nächstes stellen Sie sich vor, Sie könnten in die jeweiligen Personen ‹hineingehen›. Erspüren Sie so plastisch wie möglich, wie es sich für Ihre Mutter anfühlt, genau dort zu sein, wo sie plaziert ist: in einem bestimmten Abstand zu Ihnen, dem Kind, zum Mann, zu den anderen Familienmitgliedern. Geben Sie allen Empfindungen Raum, die sich dabei spontan einstellen, allerdings *ohne sie zu interpretieren*. Nach einer kurzen Pause, in der Sie diese Rolle abschütteln, gehen Sie reihum in die anderen Personen hinein. Konzentrieren Sie sich jeweils auf die Frage: «Wie fühlt es sich an, genau hier zu sein?»

Wenn die emotionalen Bewegungen und Ladungen im System Familie auf diese Weise verdeutlicht werden, ergeben sich oft ganz neue Perspektiven. Es kann sein, daß Sie das Bedürfnis verspüren, eine als belastend empfundene Beziehung zwischen den Mitgliedern dadurch zu ändern, daß Sie die Münzen neu gruppieren. A geht vielleicht weiter weg von B, während C näher zu D kommt und E sich ganz aus dem System verabschiedet. Sondieren Sie anhand diverser Positionsveränderungen, was nötig ist, bis ein lange schwelender Konfliktherd bereinigt ist.

Im Rahmen der systemischen Familientherapie gibt es für diese Bewegungen Regeln, die sich am Prinzip der ‹Ordnung der Liebe› orientieren. Darin liegt ein im Grunde sehr einfacher Schlüssel zur Entwirrung und Befreiung verfahrener Familienbeziehungen. Er lautet: «Liebe löst, Haß bindet.»

Diesen Schlüsselsatz bedenkend, können Sie sich bei Ihrem konkreten Vorgehen in der Mini-Skulptur auf Ihre eigene Intuition stützen. Voraussetzung ist, daß jedes Mitglied im System in seiner eigenständigen Existenz gewürdigt wird. Vielleicht reicht schon ein prägnanter, von Herzen gesprochener Satz, um das Leid, das einem Familienmitglied angetan wurde, zu lindern und die Auflösung einer Kette von Störungen im System einzuleiten.

Nicht selten erlangt man schon eine größere Klarheit, wenn der Vater sich neben die Mutter stellt und liebevoll und ernsthaft zu dem vor ihnen beiden stehenden Kind spricht:

«Ich bin dein Vater, und das ist deine Mutter. Und wenn wir beide Probleme miteinander haben, dann sind wir selbst dafür zuständig. Du bist dafür nicht zuständig und kannst es auch nicht sein. Halte dich da raus.» Die Mutter wiederholt diese Aussage auf sich selbst bezogen.

Achten Sie darauf, daß das Kind die Bedeutung dieser Mitteilung voll und ganz versteht und in sich aufnimmt. Nehmen Sie sich alle Zeit, die das Kind dafür braucht.

Eine von vielen möglichen Verstrickungen kann darin bestehen, daß sich ein Kind dafür zuständig fühlt, die mißratene Beziehungsordnung seiner Eltern zurechtzurücken. Das ist eine besonders verzwickte Falle, denn selbst wenn die Eltern Signale ihrer eigenen Hilflosigkeit an das Kind richten, kann und darf das Kind diesen Ausgleich nicht besorgen. Im Gegenteil, systemisch gesehen wäre es für das Kind sogar eine Anmaßung, sich in die Probleme der Eltern einzumischen. Wenn die Eltern sich entscheiden, hilflos zu sein, dann fällt das in ihren eigenen Zuständigkeitsbereich, in dem das Kind nichts zu suchen hat, so sehr es auch über das unangemessene Verhalten der Eltern traurig oder wütend sein mag. Es kann die Aufgaben der Eltern beim besten Willen nicht lösen – es geht einfach nicht. Der fehlgeleitete Versuch dazu würde beim Kind nur ein Muster von Überforderung und aussichtslosem Opfer erzeugen, das die systemische Verstrickung eben nicht aufhebt, sondern verewigt.

Trifft man in einer Familienskulptur auf ein derartiges Muster, dann kann ein Weg, es zu lösen, darin bestehen, daß die Eltern zum Kind sagen: «*Wir* sind für unsere Angelegenheiten zuständig, nicht du, und wir bleiben es auch dann, wenn wir mit unserer Last nicht klarkommen und du das Gefühl hast, uns helfen zu müssen. Wenn wir Probleme miteinander haben, sind wir selbst dafür zuständig. Wir wollen, daß du dich da raushältst.»

Selbstverständlich gibt es keine Formeltafel, auf der zu jedem systemischen Konflikt die entsprechenden Zauberworte verzeichnet sind! Entscheidend ist aber auch nicht, welcher Wortlaut in welcher Situation der richtige ist. Entscheidend ist vielmehr, daß Sie sich eine plastische Vorstellung davon machen und sich einprägen, wie sich die Mitglieder Ihrer eigenen Familie verhalten würden, wenn sie sich aus ihren systemischen Verstrickungen lösen. Was haben sie sich zu sagen, damit sie ihren Zuständigkeiten gemäß angemessen handeln können?

Machen Sie sich ein Bild von Ihrem Vater, Ihrer Mutter und den anderen Verwandten, davon, wie sie in ihrer Jugend all die Zuwendung erhalten, die sie brauchen, um ihr Potential zu entfalten, um persönliches Glück zu leben. Nehmen Sie dieses Bild in sich hinein, um daraus die Kraft zu beziehen, die Sie selbst brauchen, um Ihr eigenes Potential zu entfalten, um Ihr eigenes Glück zu leben.

Nochmals: Die Mini-Familienskulptur kann ein wertvolles Werkzeug bei der Selbsterkundung sein, sie kann aber die differenziert geführte therapeutische Arbeit mit mehreren Personen nicht ersetzen.

Unsere ekstatischen Defizite

Leidenschaftliche Glücksmomente sind ein Urbedürfnis komplexer Nervensysteme. Die Empfindung der Ekstase gehört genauso zum natürlichen Spektrum unserer Möglichkeiten wie Einsteins Relativitätstheorie und Goethes Faust. Das heißt erfahrungsgemäß aber nicht, daß alle «Hurra!» schreien, sobald die Ekstase in vollem Ornat vor der Tür steht.

«Nun komm mal wieder auf den Teppich!» – «Jetzt dreh mal nicht völlig durch!» oder «Jetzt ist aber gut!» – Wer kann sich nicht an diese und ähnliche Ermahnungen und Sprüche Erwachsener erinnern, die uns als ausgelassenen, wilden, glücklich tobenden Kindern zugerufen wurden?

Jeder Mensch in unserem Kulturkreis macht die Erfahrung, daß seiner elementaren Lebenslust spürbare Beschränkungen auferlegt werden. Die überschwengliche Art, mit der Kinder noch ihre Lebenslust zeigen und ausleben, wird von Erwachsenen häufig als unangenehm, als ungezogen oder gar bedrohlich empfunden und systematisch unterbunden. Daran hat auch die kurze Phase der antiautoritären Erziehung nicht nachhaltig etwas ändern können – zumal schon der Begriff darauf hindeutet, daß es um einen Protest *gegen* die Autorität ging, was nicht automatisch dasselbe ist wie eine Initiative *für* die Ekstase.

Als Kinder unterscheiden wir noch nicht zwischen sinnvollen Geboten und willkürlichen, für das eigene Leben schädlichen Beschränkungen. Wir nehmen aber beides in uns auf und verinnerlichen es nach und nach im Prozeß des sozialen Lernens. Später, als Erwachsene, vermögen wir diese Sätze und nörgelnden Ermahnungen nicht mehr als externe Beschränkungen zu erkennen, nun sind sie zur eigenen inneren Stimme geworden. Immer dann, wenn ein überschwengliches Gefühl des Glücks in uns aufsteigt, raunt sie uns zu: «Nun komm mal wieder auf den Teppich!» – «Jetzt dreh mal nicht völlig durch!» oder «Jetzt ist aber gut!» und so weiter.

Die innere Stimme wirkt wie ein emotionaler Thermostat, auf diese Weise sorgen wir dafür, daß sich ekstatische Glücksgefühle in einer begrenzten Bandbreite halten. Doch diese Grenzen sind nicht die Grenzen dessen, wozu unser Nervensystem fähig ist. Es sind einfach Konventionen, die widerspiegeln, was unser gesellschaftliches Umfeld als legitimes Maß an Ausgelassenheit erachtet. Die Unterscheidung von ‹sinnvoll› und ‹nicht sinnvoll› ist dabei nicht immer nachvollziehbar.

Wenn vor einer vielbefahrenen Bahnlinie eine Schranke heruntergelassen wird, so daß der Verkehr davor zum Stehen kommt, wenn ein Zug naht, wird niemand den Sinn dieser Maßnahme bezweifeln. Wenn aber eine Schranke mitten in der Landschaft steht und weit und breit keine Bahnlinie zu erkennen ist, dann erlaubt sich früher oder später jemand die Frage: Wieso soll es ausgerechnet hier, wo es gerade so schön ist, nicht weitergehen? Der Aufgabe, (Glücks-)Schranken zu rechtfertigen, haben sich Heerscharen von Priestern, Richtern und Bürokraten gewidmet. Ein fundamentales Problem jedoch verfolgt sie wie ein Schatten: Wenn die Schranken den Bezug zu einer sinnvollen, sozial gestützten Ordnung verloren haben, ist ihre Glaubwürdigkeit schnell dahin.

Bezeichnenderweise greifen immer mehr Menschen der westlichen Welt zu Drogen, um zumindest kurzfristig einen über das zugestandene Maß hinausgehenden Ekstasezustand zu erleben. Kein Risiko wird gescheut, um ein Glücksgefühl, eine Losgelöstheit jenseits dessen zu suchen, was alltäglich erlebt wird. Auf bewußter und unbewußter Ebene, mit legalen oder illegalen Mitteln wird einem stillen Wissen, einer Ahnung Ausdruck verliehen, daß es für uns doch mehr Seligkeit, mehr Glück, mehr Ekstase gibt, als in der Tagesschau oder einem anderen Katechismus der Normalität je vorkommt.

Betrachtet man die Geschichte der Menschheit, dann wird eines schnell klar: Die angebliche Normalität der westlich-industriellen Gesellschaften mit ihrer verkniffenen Einstellung zur Ekstase stellt gar nicht den Normalfall des interkulturell Möglichen dar. In den ursprünglichen Kulturen, auch in den antiken Hochkulturen, waren ekstatische Zustände ein wichtiger Teil des Gemeinschaftslebens. Es wurde durch Rituale, Trancetänze, teilweise auch durch sozial akzeptierte Drogen dafür gesorgt, daß alle an der ekstatischen Erfahrung teilhaben konnten. Sie wurde nicht als Flucht vor der Realität, sondern als Bereicherung aufgefaßt.

Über die Jahrtausende hinweg entstanden die unterschiedlichsten Techniken, um diese außerordentlichen Seinszustände sicher und zuverlässig zu erreichen. Funktionierende Stammensgemeinschaften verfügen immer noch über das Wissen, wie man der psychischen Entgrenzung einen angemessenen Rahmen verleiht. Sie schaffen innerhalb des Lebenslaufes rituelle Zeiten und Räume, in der das Außer-sich-Geraten nicht nur erlaubt, sondern sogar erwünscht ist.

Das Bedürfnis nach außergewöhnlichen Gefühlserlebnissen, die das tägliche Einerlei durchbrechen, wird dort nicht als bedrohliches, pathologisches Fehlverhalten betrachtet, sondern als Teil des Lebens, der im sozialen Gefüge integriert ist.

Ein Blick auf unsere eigene gesellschaftliche Realität macht uns schnell bewußt, daß es recht lange her sein muß, daß auch unsere Ahnen ekstasekundig waren. Die dionysischen Erfahrungswelten wurden exkommuniziert, die resultierenden Mangelerscheinungen in Sachen gelebtem Glück dagegen exportiert. Der Herrschaftsanspruch der westlichen Gesellschaften bestand nicht zuletzt darin, unsere ekstatische Verkümmerung zum Universalmaßstab zu erklären. Wir setzten viel Kraft ein, um den Rest der Welt von der Überlegenheit unseres Mankos zu überzeugen. Das ging nicht ohne Feuer, Schwert und geistige Klimmzüge vonstatten – unlogisch war es gleichwohl nicht.

Denn in einer Gesellschaft, deren Prioritäten Arbeit, Leistung und Konsum sind, müssen ekstatische Ausbrüche als störend, bestenfalls als Zeitverschwendung und schlimmstenfalls als gefährlich eingestuft werden. Sie könnten ja den Produktionsablauf, die berechenbare Effizienz der Arbeit und die Anhäufung von Gütern gefährden – oder zumindest die zugrundeliegenden Werte in Zweifel ziehen.

Wir leben in einer Zeit, in der selbst die Endmoränen ehemals ekstatischer Lebenserfahrungen verdrängt werden. Gleichzeitig lebt das Bedürfnis nach einem stimmigen Ersatz ungebrochen fort! Die noch bestehenden Reste von Traditionsritualen mit ekstatischen Komponenten verlieren zunehmend an Bedeutung. Religiöse Verzückung spielt selbst in der katholischen Kirche keine nennenswerte Rolle mehr, und vom ursprünglichen Sinn des Karnevals ist kaum mehr übriggeblieben als ein dumpfer Zustand des Besoffenseins, der als Karikatur einer enthusiastischen Gemeinschaftserfahrung überlebt hat.

Währenddessen überziehen verschiedene Wellen von

Underground-Bewegungen das Land, von den Hippies bis zu Techno-Anhängern – einfach, um Kristallisationspunkte zu bieten.

Glück ist zwar durch rauschhafte Ekstase nicht erschöpfend beschrieben, aber ein Glücksbegriff, der die ekstatische Komponente ausschließt, macht wenig Sinn. Gerade die Menschen der postmodernen westlichen Gesellschaften lassen sich auf derartige Beschränkungen längst nicht mehr verpflichten.

Übung
Der 5-Minuten-Ekstase-Test

Zu den folgenden Fragen gibt es keine richtigen oder falschen Antworten. Am Ende droht auch keine Punktwertung im Sinne von «Pech gehabt, Sie sind ein ekstatischer Versager», oder «Gratuliere! Ihr Ekstasepotential hat Weltklasseformat». Verstehen Sie die Fragen als eine Art innerer Umfrage bei jenen Teilen Ihrer selbst, die in der einen oder anderen Weise mit Ekstase – oder mit ekstatischen Defiziten – zu tun haben. Das Ergebnis dieser Umfrage vermag niemand besser zu deuten als Sie selbst.

1. Haben Sie sich schon einmal gewünscht, sich in einer heißen Vollmondnacht zusammen mit zwanzig johlenden Nackten in einer warmen Lehmgrube zu wälzen?

2. Wann hatten Sie das letzte Mal eine tatsächliche Erfahrung dieser Art?

3. Als Sie erstmals in Ihrem Leben die Bedeutung des Wortes «Ekstase» lernten, wissen Sie noch, was Sie dabei empfanden?

4. Mit welchen Ihrer nächsten Angehörigen haben Sie über Ekstase noch nie gesprochen?

5. Was empfinden Sie, wenn Sie im Fernsehen schwitzende Trommler bei afrikanischen Stammestänzen sehen?

6. Wann haben Sie sich das letzte Mal so verausgabt, daß Sie in Ihrem eigenen Schweiß gebadet haben, ohne daß der Anlaß Sport, Arbeit oder die Außentemperatur war?

7. Welche verschiedenen Reaktionen beobachten Sie bei sich, wenn ausgelassen tobende Kinder in der Nähe sind?

8. An welche verschiedenen Reaktionen der Erwachsenen erinnern Sie sich, wenn Sie in Ihrer Kindheit ausgelassen tobten?

9. Welchem der folgenden Sätze würden Sie am ehesten zustimmen:
    a) Ekstase ist wie ein fernes Land, in das man nur mit einem speziellen Visum einreisen darf.

b) Es ist genug Ekstase für alle da. Auch ich bekomme meinen Anteil.

c) Ekstase wird nicht zugeteilt, man muß sie erlernen, aber unbewußt mache ich das abhängig von der Zustimmung durch (. . .).

10. Vervollständigen Sie bitte auf Anhieb den folgenden Satzanfang: «Ich bin außer mir vor Freude, wenn . . .»

11. Die nächsten drei Sätze lesen Sie bitte laut. Nach jedem Satz schließen Sie die Augen, und achten Sie in Ihrem Inneren auf die erste, spontane Reaktion.

a) (laut) «Angenommen, ich bin so richtig ekstatisch glücklich – weiß ich dann überhaupt noch, wer ich bin?» (Augen zu)

b) (laut) «Angenommen, ich weiß nicht mehr, wer ich bin – was kann ich dann über mich erfahren?» (Augen zu)

c) (laut) «Angenommen, das ekstatische Glück weiß stets genau, wer ich bin – wie kann es mir dieses Wissen mitteilen?» (Augen zu)

12. Was ändert sich bei Ihnen und in Ihrer Umgebung, nachdem Sie innerhalb des nächsten Jahres Ihre ekstatischen Erfahrungen verdoppelt haben werden?

Glück oder Unglück – wer weiß?

Woher wissen wir eigentlich, welche Erfahrung ein ‹Glück› zu nennen ist und welche nicht? Bei einer Tour d'horizon des Glücks fällt auf, daß die Menschen über Glück und Unglück schon auf sehr unterschiedliche Art und Weise geurteilt haben. Weiß denn der eine überhaupt, was der andere unter Glück versteht? Damit wir in der Lage sind, den Strom unserer Erfahrungen zu untergliedern, indem wir sagen: «Diesen Abschnitt bezeichne ich als glücklich, jenen aber nicht», muß in unserem Hirn eine Menge passieren. Wie lernen wir überhaupt, diese Gliederung vorzunehmen? Und wie zutreffend ist sie? Oft genug im Leben werden wir mit Ereignissen konfrontiert, die uns gar nicht in den Kram passen. Meist sind wir dann schnell mit dem Urteil zur Hand und sagen: «Oh, welch ein Unglück!»

Ähnlich ging es auch jenem Bauern in China, dessen einziger Besitz ein wunderschöner weißer Hengst war. Selbst der Kaiser bewunderte das Pferd und bot Säcke voll Gold für das Tier. Aber der alte Mann erwiderte beharrlich, ihm fehle es an nichts. Der Schimmel sei sein Freund und einen Freund verkaufe man nicht – auch nicht für alles Gold der Welt.

Die Dorfbewohner schüttelten über soviel Unvernunft nur den Kopf.

Eines Morgens war das Pferd aus dem Stall des Alten verschwunden. Die Nachbarn liefen vor seinem Haus zusammen und beklagten lautstark das Unglück des armen Mannes.

«Wieviel könntest du jetzt besitzen, wenn du nur nicht so starrköpfig gewesen wärest, nun aber hast du gar nichts, weder Pferd noch Gold, welch ein Unglück das doch ist!»

Der Alte nickte bedächtig mit dem Kopf und erwiderte nur: «Glück oder Unglück – wer weiß?»

Kopfschüttelnd gingen die Leute auseinander.

Einige Tage später kehrte der Schimmel in Begleitung von sechs wilden Stuten zurück. Wieder versammelten sich die Dorfbewohner vor dem Haus des alten Mannes. Diesmal beglückwünschten sie ihn zu dem großen Segen, der so unerwartet über ihn gekommen war. Nun hatte er nicht nur seinen kostbaren Hengst wieder, sondern gleich eine ganze Pferdeherde dazubekommen. Welch ein großes Glück sei ihm da unverhofft zugefallen!

Der Alte schaute in die Runde und sagte nur wieder: «Glück oder Unglück – wer weiß?»

Dieser Mann hatte einen einzigen Sohn, der sich daranmachte, die sechs Wildpferde zuzureiten. Doch eines Tages stürzte er und brach sich beide Beine. Wieder eilte das ganze Dorf herbei, um das Unglück zu beklagen. Sie jammerten, sein einziger Sohn, die Stütze seines Alters, sei nun ein armer Krüppel und könne ihm keine Hilfe mehr sein. Oh, welch ein Unglück das doch sei.

Der alte Mann schaute sie gelassen an und antwortete: «Glück oder Unglück – wer weiß?»

Kurz darauf erschien ein Bote des Kaisers im Dorf und verkündete einen Erlaß: Alle gesunden Männer würden sofort zum Kriegsdienst eingezogen. Das Dorf war von Trauer und Wehgeschrei erfüllt. Jeder ahnte, daß die meisten Söhne und Väter aus diesem Krieg nicht mehr heimkommen würden.

Unter lautem Klagen versammelten sie sich wieder vor dem Haus des Alten und riefen: «Nun hast du doch Glück mit deinem verkrüppelten Sohn. Zwar wird er dir keine große Hilfe mehr sein, aber wenigstens bleibt er dir erhalten. Wir werden wohl die Unsrigen nie mehr wiedersehen.»

Der Alte schüttelte nur bedächtig den Kopf und antwortete: «Schon wieder redet ihr von Glück und Unglück. Wie durch ein

Schlüsselloch betrachtet ihr das Leben. Sagt einfach, daß eure Söhne und Männer in den Krieg ziehen und mein Sohn nicht. Nur der Schöpfer, nur das Ganze weiß, ob dies ein Glück oder ein Unglück ist!»

Auf diese und andere Art haben weise Menschen Geschichten erzählt, die uns helfen können, unser Verständnis vom Glück aus der naiven Eindimensionalität zu befreien und neue Perspektiven zu entwickeln, um über Glück und Unglück nachzudenken. Wenn wir vorschnell über das, was gerade passiert oder eben nicht passiert, ein Urteil fällen, dann tun wir so, als könnten wir sämtliche Konsequenzen dieses Ereignisses schon von Anfang an überblicken. So hängt die Bewertung eines gegenwärtigen Ereignisses immer von dem Zeitrahmen ab, in dem wir es betrachten. Entscheidend sind Erwartungen, die wir in diesen Rahmen hineinprojizieren. Dabei stecken wir den Zeitrahmen oft so eng ab, daß unsere Erwartungen gar nicht erfüllt werden können. So, als ob man zur frisch gekeimten Saat sagen würde: «Wenn du nicht innerhalb einer Woche ein reifes Getreidefeld bist, weiß ich, daß es die Welt böse mit mir meint.» Mit derartigen Maßstäben können die wesentlichen Aspekte eines Prozesses gar nicht wahrgenommen werden. Statt dessen ziehen wir Schlußfolgerungen, die auch dem gutwilligsten Glück den Besuch in unserm Leben vergällen müssen.

Dahinter verbirgt sich eine *Verwechslung von Vorgängen der äußeren Welt der Dinge mit Vorgängen aus der inneren Welt der Bedeutungen.* Urteile in der dinglichen Welt zu fällen fällt uns leicht, darin sind wir ausgesprochen geübt: Die Kuh ist entweder gemolken oder nicht, aber nicht beides gleichzeitig. Es ist entweder Sommer oder Winter, gleich-

zeitig treten nie beide Jahreszeiten auf. Die Lampe ist entweder an- oder ausgeschaltet, die Wurst ist entweder ge-
gessen oder nicht, der Aktenordner ist entweder in dieser
Schublade oder in jener – ein Mittelding gibt es nicht.
Überträgt man diese Art des Urteilens jedoch auf das, was
sich in der Welt der Bedeutungen abspielt, hat man über
kurz oder lang ein Problem. Die ‹Dinge› der Bedeutungswelt lassen sich mit Entweder-Oder-Kategorien weder begreifen noch darstellen, sie gehorchen eben ganz anderen
Gesetzen als Kühe, Würste und Aktenordner.

Auch das Glück ist kein Ding, das man in eine Schub-
karre tun könnte. Glück ist ein Sammelbegriff für Bedeu-
tungskomplexe, die wir den unterschiedlichsten Situationen, Gefühlen und Erlebnissen zuordnen können. Diese
Zuordnung ist nicht zuletzt eine mentale Leistung.

Unser Gehirn ist natürlich nicht so simpel wie ein Büro-
schrank organisiert. Doch um sich in einer hochkomplexen
Welt zurechtzufinden, kommen wir nicht umhin, geistige
Schubladen zu öffnen, in denen ganz bestimmte Ereignisse
abgelegt werden und andere nicht. Man sollte sich allerdings im klaren sein, daß es sich bei der Unterscheidung
von ‹Schubladen› und ‹Inhalt› um Hilfskonstruktionen
handelt, die uns eine notwendige Art des Nachdenkens
über uns selbst ermöglichen. So, wie in der Philosophie
von der dialektischen Beziehung zwischen Herr und
Knecht gesprochen wird, so gibt es auch im Bereich des
Mentalen eine Dialektik von Schublade und Inhalt. Der
Inhalt wird erst durch das Schaffen einer Schublade zum
Inhalt, und die Schublade wird erst durch ihren Inhalt zur
Schublade.

Daß Erfahrungen und Verhaltensweisen vielerlei Bedeutungen – sprich: Inhalte – annehmen können, daß sie

zugleich vielen Kontexten – sprich: Schubladen – angehören können, wird in der Wissenschaft mit dem Wort ‹Polykontexturalität› bezeichnet, ein Begriff, auf den wir später noch Bezug nehmen werden. Er bedeutet, einfach ausgedrückt, daß ein und derselbe Sachverhalt sich in unterschiedlichen Zusammenhängen zu unterschiedlichen Bedeutungen formiert.

Das, was sich in unserem Geist als ‹Glück› oder ‹Unglück› formiert, hat nun die seltsame Eigenschaft, sich in *jeder* Schublade polykontextural aufhalten zu können. Glücklicherweise hat damit der Griff in jede beliebige Schublade das Zeug, zu einem Glücksgriff zu werden. Mal verbirgt sich das Glück in der Schublade des Unglücks, mal das Unglück in der Schublade des Glücks – wer weiß? Und das nicht nur in Geschichten aus dem alten China.

Aussöhnung mit dem Unglück

Wer nie scheitert, der entwickelt sich auch nicht. Leidvolle Ereignisse können weder durch die Wissenschaft noch durch blumige Metaphern oder scharfsinnige Spitzfindigkeiten eines therapeutischen Systems zum Verschwinden gebracht werden – sie existieren einfach, und sie bleiben uns auf unserer Erde genausowenig erspart wie die Schwerkraft.

Zugleich haben die Menschen immer wieder ihre außergewöhnliche Fähigkeit unter Beweis gestellt, ihr Unglück seelisch zu integrieren. Als Monica Seles zwei Jahre, nachdem ein Messerstecher sie attackiert und verletzt hatte, bei den US-Open erstmals wieder an einem Tennisturnier teilnahm, sagte sie auf einer Pressekonferenz etwas Bemerkenswertes: «Wenn du nicht über das Leben lachen kannst, wofür lebst du dann?» Diese Haltung ist keineswegs selbstverständlich, wenn man das durchgemacht hat, was der jungen Tennisspielerin widerfahren ist. Die Fähigkeit zur Aussöhnung mit dem Unglück ist etwas ganz anderes, als auf eine oberflächliche Art ‹gut drauf› zu sein.

Ein Geschehen, das als Unglück erlebt wird, erhält den ihm gebührenden Platz im Leben erst dann, wenn es als eine Erfahrung gewertet wird, die ein Mysterium bleibt, weil ihre letztendliche Auswirkung niemand voraussehen kann. Erst dann auch entwickelt sich ein Lebensfrieden jenseits der schlichten Glückspropaganda, und dies gehört uns besonders ins Stammbuch geschrieben. Denn obwohl unsere Gesellschaft sich nicht gerade durch einen Überschuß zutiefst glücklicher Individuen auszeichnet, gibt es einen massiven öffentlichen Druck, dem Kult der Happyness um jeden Preis zu huldigen. Depression ist schlecht fürs Geschäft, drum hat man gefälligst glücklich zu sein oder muß zumindest glücklich erscheinen.

Man mag die Scheinrealität, die in der Werbewelt als richtungweisend vorgestellt wird, als lügnerisch kritisieren. Man kann aber die Tatsache, daß sie einen nicht unerheblichen Einfluß auf die Psyche hat, auch anders bewerten: als *das latente Wissen um brachliegende Glücksreserven, von denen wir keinen Gebrauch machen.* In einer Gesellschaft, deren Mitglieder wirklich von innen heraus glücklich und zufrieden sind, könnte eine inflationär verbreitete Glückspropaganda gar nicht erst entstehen – sie hätte keinen psychischen Nährboden.

Übung
Stellen Sie sich vor . . .

. . . Sie gehen an einem Fluß spazieren. Der Weg führt Sie
hinaus aus der Stadt, vorbei an Feldern und Wäldern. Wie
lange Sie dort schon unterwegs sind, kümmert Sie nicht,
Sie setzen einfach einen Fuß vor den anderen und genießen
es, immer weiter zu gehen, Schritt für Schritt. Die Gegend
wird hügelig, das Flußbett hat sich verengt. Das Wasser neben Ihnen ist nurmehr ein gurgelnder Bach mit vielen kleinen Stromschnellen. Hier waren Sie noch nie, und doch
wissen Sie: Ich gehe der Quelle entgegen. Weit und breit
ist keine Menschenseele zu sehen, selbst die Tiere sind ver-
stummt. Der Weg wird steiler und immer steiler, doch je
mehr Sie sich anstrengen müssen, um voranzukommen,
desto mehr Kräfte scheinen Ihnen dafür zuzuwachsen. Eine
Empfindung, die sich kribbelig anfühlt, beschwingt Ihre
Schritte. So erreichen Sie den Ort, wo der Wasserlauf aus
der Erde tritt. Sie knien nieder, um sich mit einem Schluck
Quellwasser zu erfrischen. In dem Moment, da sich Ihr Gesicht im Wasser spiegelt, spüren Sie eine Hand auf der
Schulter. Erschrocken drehen Sie sich um – und Sie
schauen sich selbst in die Augen.

«Da bist du ja endlich», sagt Ihr Doppelgänger, «ich habe
schon so lange auf dich gewartet.»

«Wer bist du?» fragen Sie, «und warum siehst du genauso
aus wie ich?»

«Weil ich derselbe bin wie du. Nur kannst du mir gewöhnlich gar nicht in die Augen schauen, weil du aus meinen Augen herausschaust. Erinnerst du dich?»

«Woran?» fragen Sie baff.

«An den Moment, als du dachtest, die Welt geht unter, weil deine Eltern dir keine Schlittschuhe zu Weihnachten schenkten. An deinen untröstlichen Schmerz, als deine erste Freundin einen anderen küßte, an all die vielen kleinen und großen Situationen, in denen du dich vom Unglück verfolgt wähntest, sei es in Form eines Säumniszuschlags des Finanzamts oder in Form eines verstauchten Fußes beim Skifahren. Da war ich stets bei dir, und ich half dir, die Welt auch noch aus unglücklichen Augen zu sehen. Ohne mich wärst du schon längst halb blind.»

«Warum hast du mir das angetan?» wollen Sie wissen.

«Weil ich dein Unglück bin, und da habe ich eine gewisse Verantwortung dir gegenüber. Es ist meine Aufgabe, dafür zu sorgen, daß du für jeden deiner Wachstumsschritte das richtige Maß an Unglück kennenlernst. Nicht zuviel und nicht zuwenig.»

«Wer hat dich damit beauftragt?» fragen Sie.

«Derselbe, der dich beauftragt hat, glücklich zu sein: du selbst, oder besser: dein ganz besonderes Selbst.»

«Warum erfahre ich erst jetzt davon?» möchten Sie wissen.

«Du hast mich bisher nicht sehen können, weil du alles versucht hast, um mir auszuweichen. Doch das gelingt dir genausowenig, wie wenn du dir selbst ausweichen wolltest. Frag dein besonderes Selbst, falls du es bezweifelst. Manchmal scheinen wir voneinander getrennt zu sein. Aber irgendwann treffen sich unsere Wege, weil sie sowieso untrennbar sind. Zum Beispiel jetzt.»

«Wofür ist es denn gut, daß du dich so sorgfältig um mein Unglück kümmerst?» fragen Sie nach.

«Überleg doch mal: Was hätte in deinem Leben alles

nicht passieren können, wenn du nie eine sogenannte unglückliche Erfahrung gemacht hättest?» fragt Ihr Doppel zurück.

Schweigend sehen Sie ihn an, und es wird Ihnen heiß und kalt, denn Sie spüren oder ahnen an einem stillen Punkt Ihres Wesens, daß die Augen des Unglücks mit den Augen des Glücks zusammenhängen. Wie lange ihr euch noch gegenübersitzt und was ihr alles noch auszutauschen habt – wer weiß?

Aber am Ende dieser Begegnung kommt der Doppelgänger ganz nah auf Sie zu und sagt in dem liebevollsten Ton, den Ihre eigene Stimme haben kann: «Hier ist ein Geschenk, das ich dir nur dieses eine Mal geben kann: Ich verzeihe dir all das, was du dir bisher nicht verzeihen konntest.» Und es rührt Sie an, dabei in die Augen Ihrer eigenen Seele zu blicken, so daß Sie diesen Moment mit jeder Faser Ihres Seins in sich aufnehmen.

Hätte ein Beobachter diese Szene von außen betrachten können, er hätte einen einzigen Menschen gesehen, der ins Wasser einer Quelle schaut und ab und zu etwas vor sich hin murmelt.

Ganz zum Schluß jedoch würde dieser Mensch aufstehen und die Arme ausstrecken, so als ob er jemanden umarmen wolle. Und obwohl die Arme ins Leere greifen, würde man ihm deutlich anmerken, daß ihm die Umarmung sehr, sehr wichtig ist.

Glück kann ‹blind› oder ‹sehend› sein. Wenn wir uns für das sehende Glück im eigenen und im Leben unserer Mitmenschen entscheiden, verliert das Unglück als Gegenpol zum Glück seinen Schrecken – auch ohne daß wir zu Heiligen werden müßten. Wie kaum etwas anderes auf der Welt kann ein Friedensschluß mit der Möglichkeit des Scheiterns die Glückssuche fundieren und sogar beflügeln. Wer seine Limitierungen und Blockaden erkennt und bereit ist, neue Wege zu beschreiten, dem wird Hilfe zuteil, sich von Begrenzungen zu lösen und das eigene Glückspotential zu vervielfachen.

In den Biographien von Heiligen, mögen sie aus der christlichen oder einer anderen religiösen Tradition stammen, nimmt die Transzendierung des Unglücks in ein umfassendes Mitgefühl eine Schlüsselrolle ein. Mitgefühl zu entwickeln immunisiert gegen die oberflächliche Propaganda des ‹blinden› Glücks. Die Forderung, ständig ‹gut drauf› zu sein, wird als das entlarvt, was sie tatsächlich ist: absurdes Theater einer zutiefst verunsicherten Gesellschaft, die zwischen ‹Haben› und ‹Sein› nicht mehr unterscheiden kann.

Denn wenn man mit seinem Leben im Kern unzufrieden ist, kann ein schickes Auto, ein neues Einrichtungsstück oder ein exotisches Reiseziel auf der Seite des ‹Habens› nicht die Defizite auf der Seite des ‹Seins› aufwiegen – ein wesentlicher Teil wird auch dann unbefriedigt bleiben. Gleichwohl liegt dieses Mißverständnis so nahe: nicht zufällig ist der Ausdruck ‹Glück haben› sprachlich ähnlich strukturiert wie ‹ein Auto haben›, eine Ähnlichkeit, die auch ähnlich strukturierte Gefühle auslöst oder zumindest zum Ausdruck bringt.

Die Verwechslung der Qualitäten von Haben und Sein wirkt in eine weitere Vorstellung hinein: daß das Glück ein knapp bemessenes Gut sei, mit dem man sparsam umzugehen habe.

Nehmen wir einmal an, diese Überzeugung entspräche irgendeiner kosmischen Gesetzmäßigkeit.

Stellen Sie sich also bitte vor, Sie hätten dort, wo andere Leute im Keller ihre Kohlen haben, einen großen Haufen mit Glücksbriketts gelagert. Die gute Nachricht: Wann immer in Ihrer Lebenswohnung der Vorrat an Glück auszugehen droht, brauchen Sie nur in den Keller zu gehen, die Schaufel in die Hand zu nehmen und einige von diesen Glücksbriketts nachzulegen. Die schlechte Nachricht: Sobald Sie den Keller leergeschaufelt haben, gibt es keinen Nachschub mehr. Anfangs bereitet Ihnen das kein großes Kopfzerbrechen, es scheint ja soviel Glück da zu sein, wie Dagobert Duck Taler hat. Aber je öfter Sie in den Keller hinabsteigen, desto größer werden Ihre Sorgen, und Sie fragen sich, immer ängstlicher werdend: Wie lange mag der Vorrat wohl noch reichen? Bei dem Gedanken, daß der Tag kommen wird, an dem Sie das allerletzte Glücksbrikett aus dem gähnend leeren Keller holen werden, verläßt Sie schon jetzt der Mut. Hieße das doch, daß Sie die Ihnen zugeteilte Menge an Glück verzehrt hätten. Ein Nachschlag wird nicht gewährt, das ist kraft kosmischem Gesetz ausgeschlossen. Der Rest Ihres Lebens wäre ausschließlich dem Unglück vorbehalten. Diese Gewißheit wird Sie jedoch mit Sicherheit auch schon mit einem vollen Kohlenkeller nicht ruhig schlafen lassen. Denn wer das Glück für eine Mangelware hält, der braucht gar nicht erst zu warten, bis es eines Tages erschöpft sein wird. Ihm fehlt es im Grunde schon jetzt.

Jetzt aber die eigentliche gute Nachricht: Der Vergleich zwischen Glück und Briketts ist von vorne bis hinten schief! Es mag auf der Erde eine begrenzte Menge fossiler Brennstoffe geben, die man nicht sinnlos verfeuern sollte.

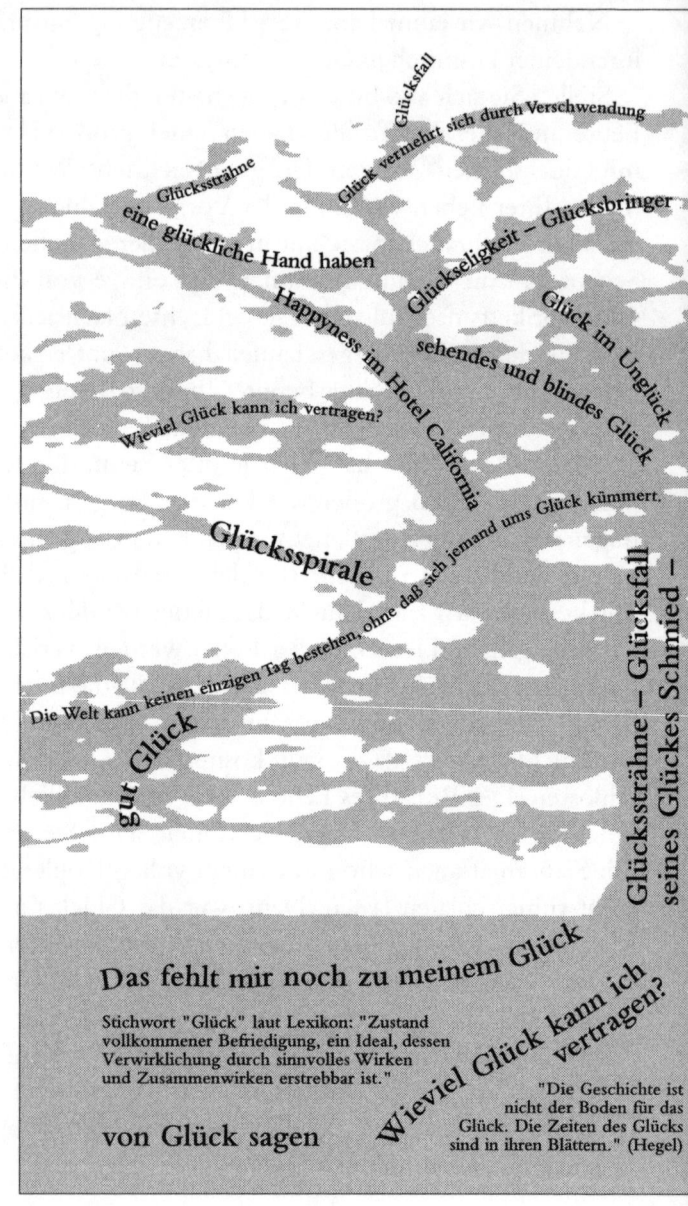

Glücksfall

Glück vermehrt sich durch Verschwendung

Glückssträhne

eine glückliche Hand haben

Glückseligkeit – Glücksbringer

Happyness im Hotel California

sehendes und blindes Glück

Glück im Unglück

Wieviel Glück kann ich vertragen?

Glücksspirale

Die Welt kann keinen einzigen Tag bestehen, ohne daß sich jemand ums Glück kümmert.

gut Glück

Glückssträhne – Glücksfall – seines Glückes Schmied –

Das fehlt mir noch zu meinem Glück

Stichwort "Glück" laut Lexikon: "Zustand vollkommener Befriedigung, ein Ideal, dessen Verwirklichung durch sinnvolles Wirken und Zusammenwirken erstrebbar ist."

von Glück sagen

Wieviel Glück kann ich vertragen?

"Die Geschichte ist nicht der Boden für das Glück. Die Zeiten des Glücks sind in ihren Blättern." (Hegel) mehr Glück

Glückspilz

als Verstand

Glückskind

Glück ist eine unbegrenzte Ressource

Glück ist ein Grund ohne Boden

Glück ist eine unbegrenzte Ressource

Das Glück lacht dem Tüchtigen

"Der Kühnste empfindet doch immer das größte Glück." (Paul Scheerbart)

Glück als die Gnade der immer interessanteren Probleme

"Glück ist, wenn du die ganze Zeit, während der du aufs Glück wartest, schon glücklich bist." (Micky Remann)

Glücksspiel

"Je besser wir das Leben verstehen, desto deutlicher wird uns bewußt, daß wir zum Glücklichsein bestimmt sind." (K.O. Schmidt)

Glücksgriff – Glückspilz –

Glückskind

unter einem glücklichen Stern geboren

Hans im Glück
Glück ist ein Grund
ohne Boden

Herzlichen
Glückwunsch!

Aber davon, daß die Menge des menschlich erfahrbaren Glücks begrenzt wäre, ist nichts bekannt. Glück läßt sich nur verknappen, wenn man die Vorannahme teilt, daß das Glück in dieser Welt ein knapp bemessenes Gut sei. Glück gehört zu jenen nachwachsenden Rohstoffen, die im Frühling, Sommer, Herbst und Winter des Lebens gleich gut gedeihen. Wir brauchen nicht einmal zu wissen, wie das Ganze funktioniert, um an seinem Funktionieren teilzunehmen. Manchmal hat man den Eindruck, als stünden die Menschen vor einem Füllhorn des Glücks, sie trauen sich aber nicht zuzugreifen, weil sie für das Prinzip der Unerschöpflichkeit keine gesicherte Erklärung haben. Lassen Sie uns einmal von einer anderen Vorannahme ausgehen: *Wie die Liebe, so vermehrt sich auch das Glück durch Verschwendung.* Was würde dann wohl möglich sein?

Übung
Der Glücksbaum

Diese Grafik ‹lesen› Sie bitte so, wie Sie im Sommerurlaub, wenn Sie auf der Luftmatratze liegen, die am Himmel dahinziehenden Wolken betrachten: passiv genießend, mit einer unangestrengten Aufmerksamkeit, bei der die Maschen im Netz der Wahrnehmung so weit wie möglich gelockert sind.

DIE ANKER DES GLÜCKS

Gespräch mit den stillschweigenden Vorannahmen

«Wenn die Katze noch mal auf den Tisch springt, werfe ich sie raus!» Um zu verstehen, was dieser Satz mit unserer Gedankenreise auf den Spuren des Glücks zu tun hat, begeben wir uns auf eine kleine Forschungsfahrt in die unterbewußte Dimension der Sprache. Und wir widmen uns der ‹Kodierung von Vorannahmen›.

Jeder Mensch hegt verborgene Vorannahmen zum Thema Glück, die sich deutlich von seinen öffentlichen Aussagen zu diesem Thema unterscheiden. Jeder von uns wird, bei einer Straßenumfrage darum gebeten, klare Angaben machen können, was Glück für ihn bedeutet, in welchen Situationen er Glück erlebt hat und wie er sich ein glückliches Leben vorstellt. Der eine rückt dabei das häusliche Glück in den Vordergrund, der andere sehnt sich nach dem großen Lottogewinn, der dritte erinnert sich an einen Urlaub am Palmenstrand. Bei all diesen Aussagen kann man ihre sprachliche Oberfläche betrachten, man kann sie aber auch daraufhin untersuchen, welche verborgenen Vorannahmen sie enthalten.

Vorannahmen sind gleichsam die Sprache des Ungesagten. Es sind Sätze, die als wahr vorausgesetzt werden müssen, damit das Gesagte überhaupt sinnvoll wird. Bei der Ankündigung «Wenn die Katze noch mal auf den Tisch springt, werfe ich sie raus», lautet die unausgesprochene Vorannahme: «Die Katze ist schon mindestens einmal auf den Tisch gesprungen.» Allein die unscheinbaren Wörtchen ‹noch mal› bewirken, daß jeder, der den Satz hört, automatisch davon ausgeht, daß die Katze nicht das erste Mal auf den Tisch gesprungen ist. Ohne daß ich diese stillschweigende Vorannahme akzeptiere, kann ich die Bedeutung des Gesagten gar nicht verstehen. Und indem ich die Bedeutung des Gesagten verstehe, akzeptiere ich rückwirkend die darin enthaltene Vorannahme.

In der menschlichen Kommunikation wimmelt es von Fällen, in denen ein ganz einfacher Satz im Huckepackverfahren eine ganze Reihe von komplexen Vorannahmen mit sich herumschleppt. Die Botschaft des Ungesagten ermöglicht es, wichtige Voraussetzungen der Kommunikation zu kodieren. So wird vieles verständlich, ohne es explizit und langatmig auszuführen. Vorannahmen komprimieren die Kommunikation, sie ermöglichen es, daß wir uns auf das Wesentliche konzentrieren können und nicht anläßlich jeder noch so banalen Informationsübermittlung bei Adam und Eva anfangen müssen. Der Nachteil der Vorannahmen liegt darin, daß man sie nicht sieht, hört oder spürt. Dem offen zugänglichen Teil der Kommunikation entziehen sie sich; oberflächlich gesehen, ist man ihnen völlig machtlos ausgeliefert. Sollte der Gesprächspartner in einem Satz eine Vorannahme eingebaut haben, die uns fragwürdig erscheint, läßt sie sich aus der Aussage nicht einzeln herauslösen, denn sie bildet mit dem Verständnisgefüge des Satzes eine unauflösbare Ganzheit. Das kann jedoch zum Problem werden – nämlich dann, wenn die Vorannahme selbst problematisch ist.

Zum Beispiel hängt der Erfolg eines therapeutischen Gesprächs entscheidend davon ab, ob der Therapeut in der Lage ist, die Nebelwand von klammheimlichen Vorannahmen seines Klienten zu durchdringen. Eine Frau sagt mir zum Beispiel: «Ach, wissen Sie, mein Mann ist ja so ein rücksichtsloser Kerl. Wenn das nicht so wäre, würde unsere Ehe funktionieren.»

Nähme ich das alles für bare Münze, dann hätte mir die Frau schon im ersten Satz unmerklich ihr Weltmodell untergeschoben, vom dem alles andere als sicher ist, daß es nicht gerade die Ursache ihres Problems ist. Die Verwendung von Adjektiven wie rücksichtslos, unhöflich, unsensibel, gedankenlos, anmaßend sagt meist mehr über die Wahrnehmung des Redenden aus, als daß sie eine Tatsachenbeschreibung über den Beurteilten lieferte. Und das gilt selbstverständlich auch für die Gesprächsbeiträge von Personen, die nicht in Therapie sind.

Die Frau, die sagt: «Mein Mann ist ja so ein rücksichtsloser Kerl. Wenn das nicht so wäre, würde unsere Ehe funktionieren», hat mehrere Vorannahmen ineinandergewoben:

1. Viele Männer sind generell rücksichtslos.
2. Der Ehemann gehört zu dieser Gruppe der Rücksichtslosen.
3. Das ist der Grund, weshalb die Ehe nicht klappt.

Man braucht zu der Klage dieser Frau nur verständnisvoll mit dem Kopf zu nicken und «ja, ja» zu sagen, und schon hat man in gewisser Weise ihr zugrundeliegendes Weltbild mit unterschrieben. Im Gespräch morgens beim Bäcker ist das nicht weiter schlimm, aber um an dieser heiklen Stelle therapeutisch weiterzukommen, empfiehlt es sich sehr, nicht gleich selbst in jene Falle zu tappen, aus der man seinem Gegenüber ja heraushelfen möchte.

Auf Distanz zu den stillschweigenden Vorannahmen zu gehen bedeutet nicht, zu dem Menschen auf Distanz zu gehen, der sie vertritt, oder seinen Aussagen zu widersprechen. Als kommunikative Grundausstattung braucht man einen offenen, einfühlenden Kontakt zum Klienten oder zur Klientin, unabhängig davon, was er oder sie sagt oder wie entstellt eine Situation geschildert wird. Eines braucht man allerdings auch noch: eine Sherlock-Holmes-artige Findigkeit, zwischen den Zeilen des Gesagten zu des Pudels Kern zu gelangen.

Es mag ja durchaus sein, daß der Gatte dieser Frau sich wirklich rücksichtslos verhält. Nach ihrem Weltbild kann es aber schlicht und ergreifend gar nicht anders sein, weil Kerle eben generell rücksichtslos sind und ihr Kerl natürlich ‹auch so einer› ist. Was immer er auch versucht, er wird es verdammt schwer haben, gegen die Allgegenwart der männlichen Charakterschwächen anzukommen, denn er ist ja ein personifiziertes Zitat aus den gesammelten Werken der Rücksichtslosigkeit aller Kerle. Daß darin der ‹Grund› einer nicht funktionierenden Ehe liegt, dürfte dann ja wohl sonnenklar sein!

Betrachten wir die Tiefenstruktur der Sprache dieser Frau, so stellen wir fest: Sie hat Vorannahmen in ihrem Unterbewußtsein kodiert, die von ihr als wahr und nicht hinterfragbar vorausgesetzt werden. So, wie es auch in der eingangs zitierten Aussage der Fall ist (nämlich daß die Katze schon einmal auf den Tisch gesprungen war).

Vorannahmen enthalten aber keineswegs immer nur negative Unterstellungen. Es kann sein, daß die Nachbarin dieser Frau im Gespräch beim Bäcker sagt: «Ach, wissen Sie, Frau Müller, wenn mein Liebster nicht so rücksichtsvoll wäre, wäre ich schon längst nicht mehr mit ihm zusammen.» Die Vorannahme ist: Er ist rücksichtsvoll. Schön und gut, doch wenn man die Tochter auf das Thema anspricht, dann sagt sie: «Der ist gar nicht rücksichtsvoll, der ist berechnend», weil sie ein ganz anderes Motiv hinter dem väterlichen Verhalten vermutet.

Der Sohn wiederum meint: «Wieso, der will doch nur seine Ruhe haben», während der Betroffene selbst nur mit den Achseln zuckt und brummelt: «Ach, ich weiß auch nicht.» Eine ganz normale Familie!

Vorannahmen sind Aussagen oder Einschätzungen, die über den ausgesprochenen Satz hinaus gratis mitgeliefert werden, und zwar als Zusatzinformation über den Beschreibenden, nicht über den Beschriebenen. Weil sie weitgehend auf der Frequenz des Unbewußten gesendet und empfangen werden, parallel zum offen Ausgesprochenen, ermöglichen Vorannahmen den Informationstransfer auf sehr kompakte und vielschichtige Weise.

Wie man zu den jeweiligen Vorannahmen kommt und wie man sie über lange Zeit aufrechterhält, hängt im wesentlichen von der Prozedur der inneren Beweisführung ab, der man selbst die Realität unterwirft, bevor man sie als gültig anerkennt. Was genau muß geschehen, bis ich jemanden vor meinem inneren Gerichtshof der Rücksichtslosigkeit überführt habe? Aufgrund welcher Erfahrungen oder Kriterien nenne ich jemanden rücksichtslos? Die Evidenzprozedur, die wir intern durchlaufen, um eine Vorannahme für wahr halten zu können, ist bei einigen Leuten sehr bescheiden ausgeprägt. Diese sagen dann etwa: «Männer sind einfach so. Das braucht man nicht noch extra untersuchen. Das ist nun mal so. Was heißt hier Beweise! Das ist genetisch festgelegt, da kann man nichts machen.»

Da wir es hier mit sehr spontanen, in der Regel vollkommen unbewußten Abläufen zu tun haben, ist es sehr schwer, dem Urteil dieses internen Gerichts zu entkommen. Da nützt kein Appell an die Vernunft, kein überlegenes Naserümpfen. Hier empfiehlt es sich, daß man sich in die Niederungen des Unbewußten begibt, denn nur dort läßt sich verstehen, was es mit den Vorannahmen auf sich hat, wie sie funktionieren und worauf sie reagieren. Auf dieser Ebene geht es nicht eben verstandesmäßig rational zu, was aber nicht heißt, daß es dort überhaupt keine Logik gäbe. Denn hinter jeder Vorannahme steckt ein Sortiermechanismus, der auf bestimmte Kriterien anspringt und mit der Zuverlässigkeit eines Uhrwerks meldet, wann jemandem das Prädikat ‹rücksichtslos› zuerkannt wird und wann nicht.

Die Frau, die sich über ihren Mann beklagt, sagt etwas später im Gespräch: «Ach, wenn mein Mann wüßte, wie sehr ich leide, würde er das alles nicht tun.» Die Vorannahme lautet: Er weiß nicht, wie sie leidet. Also möchte ich zuerst einmal wissen, woher sie denn weiß, daß er es nicht weiß. Es könnte nämlich ohne weiteres sein, daß er es sehr wohl weiß, sich aber sagt: «Das ist ihr Problem, nicht meines!»

Nun ist dieser Mann zum Leidwesen seiner Frau beruflich stark eingespannt und macht jede Menge Überstunden, was sie zu der Aussage bringt: «Wenn mein Mann seinen Beruf nicht für wichtiger hielte als die Familie, dann hätten wir weniger Probleme.» Als ich später den Mann befrage, warum er denn so häufig Überstunden macht, sagte er: «Ich tue das, damit es der Familie bessergeht.» Hier offenbart sich eine paradoxe Situation: An der Oberfläche ziehen die Ehepartner an zwei verschiedenen Enden des Taus, intern haben sie dafür jedoch dasselbe Motiv: ‹Es soll der Familie gutgehen.› Die Gemeinsamkeit ist in den Äußerungen des jeweils anderen allerdings nicht auf Anhieb ersichtlich, und solange die durchaus positive Vorannahme unter der Lawine eines frustrierten Mißtrauens und gegenseitiger Anschuldigungen verschüttet liegt, reden die Ehepartner konsequent aneinander vorbei.

Die Perspektive des Ehemanns erfahre ich, als er mir sagt: «Wissen Sie, diese ewige Meckerei meiner Frau macht mich ganz verrückt.» Aus der Art, wie er mir das mitteilt, spricht sein unterschwelliger Wunsch, daß ich für ihn Partei ergreife, von Mann zu Mann, und damit zum Kumpan seiner Vorannahmen werde. Diese lauten:

1. Ich bin das Opfer von bestimmten Bemerkungen meiner Frau.
2. Es steht nicht in meiner Macht, dagegen etwas zu unternehmen.
3. Die einzige Chance, daß es mir bessergeht, besteht darin, daß meine Frau zu meckern aufhört.

Überflüssig zu erwähnen, daß ich ihm auf dieser Ebene, mit diesen Vorannahmen, keine Hilfe geben darf. Zu meinem Verständnis von therapeutischer Ethik gehört der Grundsatz: Bevor man beim Klienten etwas verändert, muß man seine Zustimmung für die erwünschte Veränderung einholen. Wie man als Therapeut eine solche Frage formuliert, sollte genau überlegt sein, denn diese Formulierung bringt stets auch die eigenen Vorannahmen über die Möglichkeiten eines Veränderungsprozesses zum Ausdruck. Im beschriebenen Fall liegt mir daran, daß der Mann beginnt, seine Vorannahmen zu hinterfragen: «Augenblick mal, es gibt andere Leute, die bei den spitzen Bemerkungen meiner Frau nicht verrückt werden – könnte es sein, daß meine Reaktion so heftig ausfällt, weil ich in meinem Kopf ein bestimmtes Set von Vorannahmen installiert habe? Könnte ich etwa zu jener Ebene gelangen, wo ich daran etwas ändern kann?» Gleichzeitig möchte ich vermeiden, daß der Mann sich für die Erarbeitung einer Lösung allein verantwortlich fühlt. Das würde nämlich die Tatsache außer acht lassen, daß auch seine Frau ihren Anteil an der Situation erkennen muß.

Den betreffenden Mann habe ich schließlich gefragt: «Wollen Sie Ihre Energie darauf verwenden, Ihre Frau zu ändern, wollen Sie lieber Ihre eigenen Wahrnehmungsfilter verändern – oder wollen Sie beides?» Und er grinste. Indem er die Vorannahmen dieser Frage akzeptierte, konnte er etwas für ihn Neues akzeptieren, nämlich:

1. Ich kann bei mir selbst etwas ändern, so daß mich die Bemerkungen meiner Frau nicht mehr auf die Palme bringen.
2. Es geht nicht um die Entscheidung, entweder ich verändere meine Frau oder mich selbst.
3. Das Ziel, das ich mir setze, schränkt meine Verhaltensmöglichkeiten nicht ein, sondern erweitert sie.

Man kann auf diese oder andere Weise zu einer Ebene vordringen, auf der das Gespräch mit den eigenen Vorannahmen gelingt. In der Regel verschließen sie sich nicht einer ehrlichen Kommunikation, im Gegenteil, man wird die Vorannahmen als sehr dialogfreudige Partner zu schätzen lernen. Eine Möglichkeit, das Gespräch zu führen, ist, die Vorannahmen zu fragen, woher sie kommen, wohin sie wollen und welche positive Absicht sie mitbringen.

Was immer man im Gespräch mit den eigenen Vorannahmen erfährt, es hilft uns auch, Kontakt mit den Vorannahmen anderer aufzunehmen. Schon die Vorstellung, daß sich Kontakt auf dieser Ebene herstellen läßt, kann aus einer festgefahrenen Situation herausführen. Es erleichtert, sich von den Mißverständnissen mit Menschen, die einem sehr nahe sind, nicht länger ins Bockshorn jagen zu lassen. Oft findet man nämlich in den Vorannahmen von zwei Personen eine unausgesprochene Übereinstimmung, von der an der Oberfläche vorher nichts zu spüren war – wie bei dem oben angeführten Paar.

Daß unsere Kommunikation auf Vorannahmen angewiesen ist, läßt sich nicht ändern. Wohl aber läßt sich das Sortiment von Vorannahmen, das man im Kopf trägt, optimieren – und auch die Art und Weise, wie wir mit ihnen umgehen. Das kann eine Menge Ärger im Leben ersparen, es kann uns sogar ein um so größeres Maß an Glück verschaffen.

Übung
Test: Wo stecken die Vorannahmen des Glücks?

Vielleicht reizt es Sie, die folgenden Sätze auf ihre unausge-
sprochenen Vorannahmen hin zu untersuchen und diese
darunter zu notieren. *Vorannahmen aus getroffenen Aussagen
herauszufiltern ist etwas anderes, als über Bedeutungen zu speku-
lieren.* Indem Sie lernen, auf Vorannahmen zu achten, können Sie Botschaften dechiffrieren, die der Oberflächen-
struktur der Sprache nicht zu entnehmen sind – und doch
sind sie stets Teil der Kommunikation. Oft überlagern sich
mehrere Vorannahmen gleichzeitig. Die auf der nächsten
Seite angegebenen Lösungsvorschläge brauchen weder als
vollständig gelten, noch sind sie ‹richtiger› als die, die Sie
selbst zunächst finden werden:

1. *Du* hast aber auch wieder ein Glück!
Vorannahmen:

2. Zum ersten Mal habe ich richtig geheult vor Glück.
Vorannahmen:

3. Wenn ich diese glücklich grinsenden Typen im Fernsehen sehe, wird mir immer ganz schlecht.
Vorannahmen:

4. So glücklich wie in meiner Jugend werde ich nie wieder sein!
Vorannahmen:

5. Jeder rennt doch nur egoistisch seinem eigenen Glück nach.
Vorannahmen:

Lösungsvorschläge

1. *Du* hast aber auch wieder ein Glück!
Vorannahmen:
a) Dieses Glück hat der andere schon öfter gehabt.
b) Durch die Betonung des «Du» gibt der Redner zu erkennen, daß er glaubt, dieses Glück nicht so oft zu haben wie der andere.

2. Zum ersten Mal habe ich richtig geheult vor Glück.
Vorannahmen:
a) Ein derart aufwühlendes Erlebnis hat er vorher nicht gekannt
b) «Glück» und «heulen» stehen in einem selbstverständlichen Zusammenhang miteinander.

3. Wenn ich diese glücklich grinsenden Typen im Fernsehen sehe, wird mir immer ganz schlecht.
Vorannahmen:
a) Er hat beim Fernsehen oft stark negative Gefühle.
b) Er hält glücklich grinsende Leute (im Fernsehen) für die Ursache seiner schlechten Laune.

4. So glücklich wie in meiner Jugend werde ich nie wieder sein!
Vorannahmen:
a) Er hält den jetzigen Zustand für weniger glücklich als seine Jugend.
b) So glücklich wie damals zu sein hält er in der für ihn zu erwartenden Zukunft nicht für möglich.

5. Jeder rennt doch nur egoistisch seinem eigenen Glück nach.

Vorannahmen:

a) Ihm ist der Gemeinschaftsgedanke wichtig.

b) Er macht eine unspezifische Verallgemeinerung, die nicht erkennen läßt, auf welchen konkreten Erfahrungen sie beruht.

Mit dem Nervensystem auf hoher See: Ankern

Eine Vorannahme, die im NLP und darüber hinaus Bekanntheit erlangt hat, ist, daß es einen seelischen Vorgang namens ‹Ankern› gibt. Der Vergleich mit dem Herunterlassen eines schweren und mit Widerhaken versehenen Gegenstands auf den Meeresgrund, um dem schwimmenden Schiff auf hoher See Halt und feste Position zu geben, wurde natürlich nicht ohne Absicht gewählt. In den Bereich des Psychischen übertragen, ist damit eine ganz bestimmte, feste Verkoppelung von Reizen mit definierten Reaktionen im menschlichen Organismus gemeint.

Ein Vorläufer des ‹Anker-Modells› in der modernen Psychologie ist der russische Verhaltensforscher Pawlow, dessen berühmtem Schäferhund schon beim Klang einer Glocke der Speichel im Mund zusammenlief, weil er daran gewöhnt worden war, sein Fressen immer beim Klang dieser Glocke zu bekommen. Generationen von Wissenschaftlern haben seither das Phänomen untersucht und unter dem Begriff ‹bedingter Reflex› beschrieben. Im NLP wurde es um wichtige Erkenntnisse bereichert, die ganz andere Möglichkeiten eröffnen, als Versuchstieren in wissenschaftlichen Labors kuriose Reiz-Reaktions-Schemata einzupflanzen.

Um zu verstehen, worum es dabei geht, können wir auf einfache Sachverhalte zurückgreifen, zum Beispiel die Lernfähigkeit eines Ringelwurms. Das Nervensystem der Ringelwürmer ist nicht sehr hoch entwickelt, trotzdem können sie schon elementare Dinge lernen. Wenn man einen Ringelwurm ins Wasser legt, über dem Wasser eine 1000-Watt-Blitzlampe anbringt, einen Lichtblitz aufleuchten läßt und kurz darauf einen schwachen Stromstoß durch das Wasser schickt, dann zuckt der Ringelwurm natürlich bei dem Stromstoß zusammen. Wird die Prozedur oft genug wiederholt, braucht man irgendwann nur noch die Blitzlampe anzumachen, und schon zuckt der Wurm, auch wenn gar kein Stromstoß folgt. Irgend etwas hat dieser Ringelwurm also ‹gelernt› – aber wie?

Der Effekt beruht, ähnlich wie beim Pawlowschen Hund, auf einer Stimulus-Response-Kopplung oder einem bedingten Reflex. Dieser ist etwas völlig anderes als die *unbedingten*, angeborenen Reflexe (z. B. der Kniesehnenreflex), die man weder lernen noch verlernen kann, da sie in unserem neurologischen Betriebssystem gleichsam mitgeliefert werden. Die bedingten Reiz-Reaktions-Kopplungen dagegen müssen irgendwann gelernt werden. Wenn man die Bereitschaft des Organismus, Reiz-Reaktions-Kopplungen einzuspeichern, aus der Sicht der Biologie betrachtet, muß man sich fragen: Wofür ist es gut, daß Tiere, die nur ein minimal organisiertes Nervensystem haben, in der Lage sind, bedingte Reflexe zu erlernen? Die nächstliegende Antwort lautet: Es erleichtert ihnen das Überleben. Denn die Möglichkeit, mehr zu leisten als ein Roboter – das heißt, das eigene Verhalten variabel zu gestalten –, erhöht die Fähigkeit, sich an seine Umwelt anzupassen.

Das klassische Reiz-Reaktions-Prinzip besagt, daß ein bedingter Reflex infolge eines von außen kommenden Stimulus stets auf dieselbe Weise eintritt. Welcher Reiz mit welcher Reaktion gekoppelt wird, ist im Grunde beliebig. Ist die jeweilige Kopplung vom Nervensystem erst einmal installiert, weist sie einen hohen Grad der Stabilität auf, so daß Reiz und Reaktion, die erst getrennt voneinander existierten, in der Realität des jeweiligen Nervensystems nun wie siamesische Zwillinge miteinander verwachsen. Die

Folge für den Ringelwurm: Der Lichtblitz und der Stromstoß sind für ihn zwei Seiten ein und derselben Medaille.

Etwas abstrakter gesprochen, kann man das Phänomen auch so beschreiben: Die Fähigkeit zum bedingten Reflex basiert auf einer Art Koinzidenzdetektor im Nervensystem. Unter Koinzidenz versteht man, daß zwei Ereignisse zeitgleich auftreten. Ein Detektor ist ein Meßinstrument, das diese gleichzeitig auftretenden Ereignisse anzeigt.

Damit eine Reiz-Reaktions-Kopplung funktionieren kann, muß das Nervensystem in der Lage sein, aus dem in der Interaktion mit der Umwelt einströmenden unspezifischen Signalgewitter die entscheidenden Daten herauszufiltern. Nur dann vermag es auf der Basis der registrierten Verknüpfung mit einem bestimmten Verhalten zu reagieren. Das Nervensystem bildet dann eine Quasi-Ursache/ Wirkungs-Beziehung ab. ‹Quasi›, weil im Falle des Ringelwurmexperiments ja zwischen dem Lichtblitz und dem Stromstoß keine *tatsächliche* Ursache/Wirkungs-Beziehung besteht. Aus der Sicht dessen, der das Experiment macht, kann man dann die Blitzlampe aufleuchten lassen, ohne einen Stromstoß kommen zu lassen. Aus der Sicht des Ringelwurms erscheint es aber so, als ob der Lichtblitz die Ursache und der Stromstoß die Wirkung sei.

Bestechend an diesem Lernmechanismus ist, daß er auch bei nicht hochentwickelten Nervensystemen sehr schnell und zuverlässig funktioniert. Sein Nachteil besteht darin, daß er ausgesprochen unspezifisch ist, das heißt, er tritt sozusagen ‹wahllos› auf. Das wird spätestens dann deutlich, wenn wir die Sorgen und Nöte der Ringelwürmer verlassen und uns der Praxis menschlicher Nervensysteme zuwenden. Angenommen, es hat jemand eine Fahrstuhl-Phobie, weil er irgendwann einmal in einem steckengebliebenen Fahr-

stuhl saß. Diese Situation hat bei diesem Menschen Angstzustände ausgelöst, seine Befürchtung in dieser Lage war, er
‹komme da nicht mehr raus›. Hinzu kamen Atemschwie-
rigkeiten, weil die Luft in dem Fahrstuhl immer schlechter
wurde usw. Auch wenn dieser Mensch vorher tausendmal
Fahrstuhl gefahren ist, kann dieses eine Mal Steckenbleiben
ausreichen, daß er künftig immer dann, wenn er in die
Nähe eines Fahrstuhls kommt, gleich wieder von Angstzu-
ständen und Atemnot überwältigt wird. Fazit: In seinem
Nervensystem wurde das Im-Fahrstuhl-Sein mit unerbitt-
licher Zuverlässigkeit an eine bestimmte ‹Angstgestalt› gekoppelt.

Dieser bedingte Reflex tritt nun bei ihm so zuverlässig
auf wie das auf den Lichtblitz folgende Zucken bei unserem
Ringelwurm. Auf der Ebene, auf der dieser Reflex installiert ist, tut das Nervensystem so, als ob Fahrstuhlfahren
und Angstbekommen ursächlich miteinander verbunden
wären – immer, überall und ohne Ausnahme.

Fragt man diesen Menschen: «Glaubst du, daß du jedesmal, wenn du Fahrstuhl fährst, wieder steckenbleibst?»,
wird dieser natürlich sagen: «Nein, gewiß nicht.»

«Da du das weißt, wie groß ist die Wahrscheinlichkeit,
daß du wieder steckenbleibst?»

«Extrem gering.»

«Was nutzt dir dieses Wissen bei der Angstbewältigung?»

«Null.»

Das heißt, der einmal installierte bedingte Reflex entfal-
tet seine Wirkung völlig am Bewußtsein vorbei, sogar gegen die bessere Einsicht des jeweiligen Menschen.

Derartige Reiz-Reaktions-Muster sind unser neurologi-
sches Erbe aus der Zeit der Ringelwürmer, ein Erbe, das
sich über die frühen Wirbeltiere bis zu den entwickelten

Säugetieren hin fortgepflanzt hat. So kommt es, daß wir äußerst empfänglich für bedingte Reflexe sind. Schnell haben wir uns einen eingehandelt, den wir womöglich jahrzehntelang mit uns herumschleppen. Er ist einfach in unserem Unterbewußtsein ‹verankert›. Solange es sich um angenehme oder vorteilhafte Anker handelt, stört uns das nicht, es fällt uns noch nicht einmal auf. Anders bei Ankern, die irrationale Ängste auslösen. Unser Bewußtsein mag sie absurd und sinnlos finden, doch das ändert nichts an der Tatsache, daß der Reflex absolut sicher funktioniert und seine Auflösung uns genauso schwierig vorkommt wie – um das oben benutzte Bild umzukehren – die Trennung von siamesischen Zwillingen.

Aber, wie gesagt: Einige Vorteile scheint dieser robuste Mechanismus auch zu haben, denn sonst hätte die Evolution ihn längst verkümmern lassen wie unseren Blinddarm. Ein Vorteil liegt beispielsweise darin, daß es jede Menge höchst angenehmer Anker gibt, bei denen es uns nicht weiter stört, daß sie sich am Bewußtsein vorbei manifestieren. Erinnern Sie sich: Sie waren verliebt, und das erste Mal, als Sie mit der angebeteten Person Körperkontakt hatten, vielleicht beim Tanzen, lief ein bestimmtes Lied. Im Überschwang der Gefühle entstand dann gleich das, was Paare häufig ‹Our Song› nennen: Jedesmal, wenn Sie dieses Lied hören, steigen automatisch die Gefühle von damals wieder hoch, die mit dem Lied an sich gar nichts zu tun haben, sondern nur mit den Bedingungen, unter denen Sie es damals sehr intensiv gehört – geankert – haben.

Auch Gerüche eignen sich vorzüglich, um uns in Bruchteilen von Sekunden in bestimmte Situationen zu versetzen, die Jahrzehnte zurückliegen können. Wenn ich Flieder rieche, dann erinnert mich das sofort an den Garten meiner Oma. Am Geruch von Flieder ist bei mir die Erinnerung an Omas Garten geankert, und in diesem Garten habe ich als Kind zauberhafte, abenteuerliche Erlebnisse gehabt, in die ich mich sehr gerne zurückversetzen lasse.

‹Entzaubernd› kann ich mir sagen, daß dafür weder der Flieder noch meine Oma etwas können – es ist schlichtweg eine Reiz-Reaktions-Kopplung, die in meinem jugendlichen Nervensystem zufälligerweise sehr intensiv geankert wurde. Doch selbst wenn ich das weiß, funktioniert es immer noch. Als ich mit meiner Freundin einmal in New York war, hat sie ein Parfüm für mich ausgewählt, ein After-shave, das es in Deutschland noch nicht gab. Jedesmal, wenn ich die Flasche öffne, bekomme ich sofort den Flash, wie sie mir in der 5th Avenue dieses Parfüm gekauft hat. Prompt heben nicht nur die Duftstoffe, sondern auch die daran geankerten Gefühle meine Laune.

Unzählige Informationen, die unser Nervensystem als etwas Herausragendes registriert, beruhen auf einem Anker. Vielleicht gibt es in Ihrem Schrank ein Mitbringsel – sagen wir, eine originelle Kaffeetasse –, die Sie von einer bestimmten Person erhalten haben. Und jedesmal, wenn Sie diese Tasse benutzen, fällt Ihnen diese Person wieder ein und all das, was Sie mit ihr verbinden. Manche Leute schaffen es spielerisch, ihre unmittelbare Umgebung mit lauter positiv besetzten Ankern anzureichern, bei weniger Besonnenen stapelt sich Nippes in Regalen, dem jede Menge Unlustgefühle anhaften.

Anker jeglicher Art und Güte sind etwas sehr Verbreitetes. Wir können gar nicht verhindern, daß Ereignisse in unserer Umwelt bei uns an bestimmte innere Reaktionen geankert werden, genausowenig wie wir verhindern können, daß unser Tun und Lassen bei anderen zu einem Anker für deren Reaktionen wird. Es sind dies Ausdrucksformen unserer neurologischen Organisation, sie sind eine Lebenstatsache, und sie funktionieren automatisch.

Es gibt schwache Anker, die an eine eher vage Reaktion gekoppelt sind, und es gibt starke Anker, die extrem heftige Emotionen auslösen. Und dazwischen gibt es Anker in allen denkbaren Graduierungen. Man könnte meinen, ein Anker würde automatisch schwächer, nachdem er ein gewisses Alter erreicht hat. Bei manchen Ankern ist das auch wirklich der Fall, aber es ist nicht die Regel. Es gibt keine Halbwertzeit für die Wirkung eines Ankers, die sich berechnen läßt wie der Zerfall radioaktiver Isotope. Im Gegenteil, auch der scheinbar banalste Anker kann über Jahrzehnte hinweg stark bleiben. *Zeit heilt Wunden, aber sie löscht nicht alle Anker.* Wer kennt nicht die Geschichte von alten Leuten, die sich über ein Ungemach von vor sechzig Jahren heute noch genauso – oder sogar noch mehr – echauffieren können, als wäre es eben erst geschehen?

Auch spielt es keine Rolle, ob die Ankerkette an einem Gefühl von Zorn oder Haß, Liebe oder Glück befestigt ist. *Sobald der Anker sitzt, sitzt der Anker.*

Daß ein derart großer Teil unseres Verhaltens, unserer Abneigungen und unserer Vorlieben über ‹banale› Stimulus-Response-Kopplungen gesteuert wird, die auf dem neurologischen Niveau eines Ringelwurms liegen, ist für unser Ego eine recht blamable Vorstellung. Schließlich möchten wir uns doch so gerne als selbstbestimmte, freie, bewußte Menschen erleben. Wenn wir dann aber Tag für Tag erleben müssen – nicht zuletzt bei uns selbst –, daß unser rationaler Einspruch gegen den einen oder anderen Anker machtlos bleibt, sind wir ganz schön gefrustet.

Anker lassen sich aber nicht nur schnell aufbauen. Das

schöne ist, daß man sie auch schnell wieder auflösen kann. Man muß allerdings wissen, wie. Da dieser neurologische Mechanismus in Jahrmillionen der biologischen Evolution präzise funktioniert hat, können wir ihn auch ganz präzise nutzen – das jedenfalls ist die Vorannahme hinter einer ganzen Reihe bewährter und wirksamer NLP-Übungen. Je mehr Routine man damit gewinnt, desto weniger Sinn macht es, sich als Opfer unglücklicher Anker-Umstände zu definieren. Sobald man sich mit der Programmiersprache unseres hochintelligenten Organismus näher beschäftigt hat, kann es durchaus geschehen, daß man sich überlegt: Wofür möchte ich mir einen positiven Anker zulegen? Wo möchte ich einen negativen Anker loswerden?

Die Frage ist ganz praktisch zu verstehen. Angenommen, Sie sind Trainer oder Sie möchten sonstwie einer Gruppe etwas mitteilen. Dann ist es nützlich, wenn das Vor-die-Gruppe-Treten ein Anker ist für einen High-Power-Zustand, für Lockerheit, Kompetenz, Humor, Energie und daß Ihnen all das, was Sie wissen und können, im richtigen Moment zur freien Verfügung steht.

Für viele ist jedoch gerade diese Situation ein Anker für Unsicherheit, Schwitzen, Zittern, Blackout, Ohnmachtsgefühle. Allerdings ist weder die eine noch die andere Reaktion angeboren; beide wurden irgendwann vom Nervensystem gelernt, und sie können auch wieder rückgängig gemacht, ‹entlernt› werden, wenn man sich die Mühe macht, in der Programmiersprache zu reden, die das Nervensystem auf dieser Ebene versteht.

Für die einen ist der Akt, sich an den Schreibtisch zu setzen, gleichbedeutend mit einem Signal, das sie in Arbeitsstimmung bringt, das sie kreativ und zupackend sein läßt. Andere sehen den Schreibtisch nur von Ferne, oder sie brauchen nur daran zu denken, daß sie ihn von Ferne sehen würden, und schon steigt in ihnen ein Schwall von Mühe-, Last- und Qualgefühlen auf.

Dann gibt es zum Beispiel Menschen, die eine Tendenz zeigen, einkaufen zu gehen, wenn sie schlechte Laune haben. Vornehmlich bei Frauen ist dies der Fall, und auffällig ist, daß sie sich oft mit Kleidung eindecken, mit der sie nichts weiter machen, als den Schrank zu füllen. Die Sachen mögen noch so modisch und teuer gewesen sein, dennoch werden sie nicht angezogen. Man macht den Schrank auf, sieht ein Kleid und ist sofort in der miesen Laune, in der man es damals gekauft hat.

Das heißt nichts anderes, als daß die Dinge, mit denen man sich umgibt, Anker für die Zustände sind, in denen man sie erhalten hat. Auf einer subtileren Ebene nannte man das früher die ‹Magie der Objekte›, und zwar zu Recht. Denn es hat tatsächlich etwas Zauberhaftes, wenn der kleine blaue Kristall, den mir meine Freundin geschenkt hat, all die liebevollen, glücklichen Gefühle dieser Beziehung in mir wachruft. Und auf eine andere Art ist es genauso magisch, wenn ich einen Haufen Klamotten in meinem Schrank sammle, die alle Anker für Frust-Shopping sind. *Wir alle ankern ständig, wir werden durch unsere Umwelt ständig geankert, und das ist weder gut noch schlecht.* Es ist nichts, was wir in irgendeinem Sinne bewerten sollten, denn wir haben von Mutter Natur unser Nervensystem erhalten, so wie es ist. Damit leben wir wie mit einem Blankoscheck, den wir mit unseren eigenen Anker-Werten ausfüllen können.

Nicht jedes beliebige im Kosmos umherschwirrende Ereignis installiert automatisch in jedem Nervensystem einen Anker für eine bedeutsame Empfindung. Nicht jeder Blumenkohl auf dem Mittagstisch ist ein Anker für eine bleibende Erinnerung oder für die Erleuchtung, so wie es ein Feigenbaum für den Buddha war. Das alles kann Anker sein, muß aber nicht. So bleibt die Frage nach den Bedingungen, unter denen geankert wird.

Offensichtlich hat unser Nervensystem bestimmte Filter, um sich zu entscheiden, welcher Reiz zum Anker wird und welcher nicht. Dieser Auswahlmechanismus hat als entscheidenden Parameter die *Intensität*, die *Deutlichkeit* des Ereignisses.

Im Nervensystem des Ringelwurms kann nur ein deutlicher, intensiver Lichtblitz zum Anker werden. Eine vage Helligkeitsschwankung mit anschließendem Stromstoß genügt ihm nicht. Diese könnte der Ringelwurm mit keinerlei Systematik verbinden, es könnte höchstens dazu führen, daß er verwirrt, im übertragenen Sinne ‹neurotisch› wird.

In dem Moment aber, da der Ringelwurm ‹weiß›, Stromstöße gibt es regelmäßig immer dann und nur dann, wenn es blitzt, kann sich sein Nervensystem entsprechend orientieren und organisieren. Ausschlaggebend dafür, daß das Licht zum Anker für das Zucken wird, ist seine Deutlichkeit, seine Helligkeitsintensität. Auf der anderen Seite der Gleichung: Wenn der Stromstoß so gering ist, daß der Wurm gar nicht zuckt, wird auch kein Anker daraus. Nur wenn sowohl das Licht als auch der Stromstoß ein bestimmtes Intensitätsniveau haben, macht es im Nervensystem ‹klick›, und der Anker sitzt.

Sie können sich darauf verlassen: Dieser Mechanismus funktioniert im Nervensystem des Ringelwurms genauso zuverlässig wie beim Menschen. Wenn man nur ganz kurz im Fahrstuhl steckengeblieben war und nur ganz kurz Angst hatte, ist es sehr unwahrscheinlich, daß man daraus einen lebenslangen bedingten Reflex entwickelt. Und wenn man lange drin war, aber nur ein kleines bißchen Angst hatte, bleibt einem der Anker ebenfalls erspart. Die dauerhafte Stimulus-Response-Kopplung tritt nur da auf, wo die jeweiligen Reize intensiv *und* spezifisch sind. Daß diese Sicherheitsvorkehrung sowohl in der biologischen Evolution als auch im Alltag sehr vernünftig ist, dürfte einleuchtend sein.

Die eher mechanistischen Vorstellungen von Reiz-Reaktions-Kopplungen, wie sie in der klassischen Verhaltensforschung entwickelt wurden, wurden beim NLP um eine entscheidende Dimension erweitert: Die Reaktion des Nervensystems kann auch von einem *inneren* Reiz ausgelöst werden. Wenn wir dem Ringelwurm ein komplexes geistiges Vorstellungsvermögen unterstellen könnten, dann würde auch bei ihm schon der Gedanke, daß es wieder einmal blitzen könnte, sein Zusammenzucken bewirken, wie ja auch bei vielen Menschen schon der Gedanke, sie würden in eine Zitrone beißen, einen erhöhten Speichelfluß auslöst. Die Welt der internen Reize in die Gleichung einzubeziehen macht den Vorgang und die Möglichkeiten des Ankerns wesentlich komplexer und reichhaltiger, als wenn man allein auf externe Reize von der Außenwelt angewiesen wäre, um eine bestimmte Reaktion zu erhalten. Für Menschen mit einer Fahrstuhlphobie kann schon der Gedanke an ein Steckenbleiben intensiv unangenehme Gefühle auslösen, auch mitten in der Wüste, wo es weit und breit keinen Fahrstuhl gibt.

Das Besondere, das uns vom evolutionären Status des Ringelwurms unterscheidet, ist die Tatsache, daß ein Anker beim Menschen auch auf der Ebene der internen Reize funktioniert. Das Erregungsmuster, das in meinem Gehirn geformt wird, wenn ich mich an den Schreibtisch setze, ist nicht wesentlich unterschieden von dem Muster, das ich habe, wenn ich *denke*, ich würde mich an den Schreibtisch setzen. Der interne neurologische Reiz löst denselben Anker aus wie der externe. Wenn ich darauf achte, kann ich mir sogar vorstellen, Flieder zu riechen, und die Vorstellung bringt mir den Garten meiner Oma zurück. Die Magie eines Ankers besteht darin, daß ein einziger Gedanke ihn ebenso wirksam auslösen kann wie ein Duft, ein Geräusch, eine Berührung, ein Bild oder ein Gegenstand.

Übung
Anker, Anker, du mußt wandern . . .

Ein Anker ist die feste Verbindung eines inneren oder äußeren Reizes mit einer bestimmten Reaktion. Ankerphänomene bilden einen großen Teil unseres Nervensystems. Daraus ergibt sich eine faszinierende Möglichkeit: die Anker zu nutzen, um sich das Leben zu erleichtern.

Sobald man sich einen Anker nicht immer nur zufällig einfängt wie einen Schnupfen, sondern sie *bewußt gestaltet*, werden sie unserer eigenen Lebensregie unterworfen. Man macht sich damit einen archaischen neurologischen Mechanismus zunutze, und zwar in eigener Verantwortung und mit der größtmöglichen Eleganz. Dabei stehen folgende Fragen im Vordergrund: Woran erkenne ich Anker bei mir und bei anderen? Welche Techniken gibt es, negative Anker zu entmachten? Und wie kann ich mir und anderen die Anker installieren, die für ein glückliches Leben nützlich sind?

In diesem Rahmen bewegen sich die folgenden Fragen, mit denen Sie einige Aspekte Ihrer persönlichen Anker-Lage beleuchten können. Bei diesem Test gibt es keine richtigen oder falschen Antworten. Jede Reaktion, die Sie auf eine der Fragen haben und niederschreiben, ist gültig, und ihre Bedeutung kann niemand besser verstehen als Sie selbst.

Ist Ihr Schreibtisch ein Anker für lustvolles Arbeiten?

Woran würden Sie merken, daß Ihr Schreibtisch ein Anker für lustvolles Arbeiten geworden ist?

Wie können Sie Ihren Kugelschreiber zu einem Anker machen, der Sie in eine Stimmung bringt, in der Sie gerne etwas aufschreiben?

Wenn Sie ein Andenken an eine geliebte Person zur Hand nehmen – welche Erinnerungen werden dabei wach?

Wissen Sie noch, wie intensiv Ihr Gefühl zu dem Zeitpunkt war, als Sie dieses Andenken erhielten?

Wenn Sie sich in eine liebevolle Stimmung versetzen möchten, welche inneren Bilder passen dazu?

Gibt es für das Gefühl ‹liebevolle Stimmung› auch einen akustischen Anker (z. B. einen Klang, eine Stimme, bestimmte Worte, ein Musikstück usw.)?

Denken Sie bitte an einen Geruch, der Sie sehr beeindruckt hat. Welche Erlebnisse sind daran geknüpft?

Denken Sie an eine Musikerfahrung, die für Sie eine besondere Bedeutung hat. Was spüren Sie, wenn Sie sich vorstellen, diese Musik jetzt zu hören?

Woran ist Ihr Bett geankert?
Schlafen?
Liebe?
Beziehungsdiskussionen?
(Es gibt Leute, die die Tendenz haben, ihre Eheprobleme im Bett

zu diskutieren, und sich dann wundern, daß in diesem Bett kaum noch was anderes stattfindet.)

Können Sie sich vorstellen, daß Sie und Ihr Partner sich auf zwei bestimmte Stühle nur dann setzen, wenn Sie ein Streitgespräch führen wollen?
(Damit Ihr Unbewußtes weiß: Wenn eine Auseinandersetzung ansteht, setzen wir uns auf diese und keine anderen Stühle. Ansonsten sind sie tabu.)

Können Sie sich vorstellen, daß es sinnvoll ist, wenn ein Lehrer, der seine Klasse tadeln will, dies nicht von dem Ort aus tut, an dem er gewöhnlich unterrichtet, sondern daß er aufsteht, an einen speziellen Tadel-Ort geht und dann erst sagt: «Übrigens, meine lieben Freunde, die letzte Klassenarbeit war eine Katastrophe.»
(Man nennt das einen Raumanker. Die Schüler wissen dann, bewußt oder unbewußt: Tadel gibt es nur, wenn der Lehrer an dieser einen Stelle steht, dann aber unmißverständlich. Der Raumanker gewährleistet, daß die Signale Lob und Tadel räumlich klar voneinander getrennt sind. Das ist entscheidend, um eine positive Lernmotivation aufzubauen.)

Mega-Ekstase – ein post-industrielles Glücksritual

In unserem Körper schlummert ein ‹Jackpot der Endorphine›. Wie läßt er sich knacken?

Mit den Erkenntnissen der Neurophysiologie haben wir einige Werkzeuge zur Hand, die sich hervorragend eignen, um auf natürlichem, gesundheitsverträglichem Weg in unserem Nervensystem das anzuregen, wonach es sich zutiefst sehnt: reichliche Ausschüttung körpereigener Glückshormone (Endorphine). Unter den NLP-Techniken eignet sich die Übung ‹Mega-Ekstase› besonders gut dazu, auf drogenfreie Art das gewohnte obere Gefühlslimit zu durchbrechen und zu erfahren, wie es sich anfühlt, einen Glücks- und Ekstasezustand zu erreichen, der im besten Sinne des Wortes nicht mehr zu fassen ist. Mega-Ekstase ist eine Übung, die nicht in die therapeutische Kategorie symptomorientierter Entwicklungsarbeit fällt. Man bearbeitet nicht ein Problem, damit es dem Betreffenden danach bessergeht, sondern es wird dafür gesorgt, daß es uns gleich bessergeht – ohne Problem, ohne Umweg: letztlich also ohne ‹Grund›, aus purer Freude am Grundlos-Glücklichsein. Einfach, um zu erfahren, welches Ekstasepotential wir entwickeln können. Womit wir bei der alten Frage wären: Wieviel Glück verträgt der Mensch?

Man benötigt zur Mega-Ekstase einen Kreis von miteinander vertrauten Menschen, die sich um einen von ihnen herum gruppieren. Der Betreffende hat es sich auf einer Liege oder sonstwo bequem gemacht.

Reihum führen ihn seine Begleiter nun in einzelne Erinnerungen, die er als besonders glücklich und ekstatisch erlebt hat. Um im Jargon zu bleiben: Erinnerungen, die im Nervensystem dieser Person Glücksanker sind. Jedesmal, wenn der Klient sich eine dieser Situationen vergegenwärtigt hat – wobei man an seiner Physiologie ablesen kann, ob er sich wirklich in die Erfahrung hineinversetzt hat –, wird der Zustand bei ihm mit einer Körperberührung ‹geankert›. Durch das gleichzeitige Auftreten der Berührung mit dem inneren Erleben lernt das Nervensystem, das Erleben erneut auszulösen, sobald die entsprechende Berührung erfolgt.

Wie wir wissen, wird der Körperpunkt nur dann zum Glücksanker, wenn sowohl der Reiz als auch die Reaktion klar und deutlich definiert sind. Ungenauigkeit hätte hier dieselbe Wirkung, als wenn man beim Klavierspielen die falschen Tasten anschlägt. Man kann das Ankern des Glückspunktes in einfacher Weise erreichen (ein Reiz, eine Reaktion), man kann es aber auch in mehrfacher Überlagerung erzielen, und das ist das Prinzip bei der Übung Mega-Ekstase. Sie sorgt dafür, daß nicht nur ein Tropfen, sondern ein ganzes Tropengewitter von Glücksankern auf die betreffende Person niedergeht. Die ekstatischen Zustände werden wie ein vierhändig gespielter Akkord auf der Tastatur der Glücksanker aktiviert. Für NLP-geschulte Menschen, die genau wissen, worauf sie dabei zu achten haben, ist es nicht schwierig, jemanden in eine solche Erfahrung – die nicht etwa nur das Plagiat einer Erfahrung ist – hineinzuführen.

Ein zentraler Aspekt dieser Übung ist, daß das Nervensystem einen Level von Erregung erlebt, den es in dieser Intensität und vor allem in dieser Kombination nicht kennt und auch vorher nicht kennen konnte. Wenn sich also das Nervensystem angewöhnt hatte, bei einer bestimmten Lustschwelle die Schotten dichtzumachen, so als drohte eine Hochwasserkatastrophe, dann führen viele lustvolle Anker, wenn sie simultan ausgelöst werden, meistens dazu, daß man diese Schwelle mühelos überschreitet. Und wenn man sie einmal erfolgreich überschritten hat, lernt das Nervensystem: So schlimm ist es ja gar nicht, im Gegenteil – das können, möchten, werden wir häufiger haben.

Einigen Kritikern des NLP ist die Vorstellung ein Greuel, hehre Zustände wie Glück quasi auf Knopfdruck abrufbar zu machen. Dahinter stecke ein mechanistisches

Bild vom programmierbaren Menschen, das der geistigen Dimension unserer Natur nicht angemessen sei, wird argumentiert. Die Tradition dieser Debatte reicht wesentlich weiter in die Vergangenheit als in die siebziger Jahre, in denen das NLP entwickelt wurde, und sie bezieht sich auf die grundlegende Frage nach dem Spannungsverhältnis zwischen Freiheit und Schicksal, zwischen Selbstbestimmung und Manipulation. So spannend dieser Diskurs auch ist, oft scheint es, als verberge sich hinter einer Kritik, die mit den gewichtigsten Begriffen der Existentialphilosophie um sich wirft, nur eine simple Vorannahme, die lautet: «Du kannst mir erzählen, was du willst, ich glaube einfach nicht, daß es funktioniert.» Und darauf beharren die Kritiker so fest, daß sie jeglichen Versuch unterlassen, ihre Vorannahme zu überprüfen. Schlimmstenfalls denunzieren sie auch noch diejenigen, die sich ihre Schlußfolgerungen für die Zeit *nach* dem Experiment aufheben wollen.

Nach meinem Verständnis ist die Würde des Menschen durch die sachkundige und verantwortungsbewußte Anwendung von Ankertechniken keineswegs bedroht. Neben ganz handfesten Möglichkeiten, die sich für ein freieres und unbelastetes Leben eröffnen, sind sie auch ein Akt der Solidarität mit unseren kreaturähnlichen Anteilen, mit jenem Ahnenerbe, das wir mit Milliarden von Lebewesen über unermeßlich lange Evolutionsperioden teilen. Es ist ein durchaus erfolgreiches, würdiges Erbe und zugleich die Basis, ohne die die besonderen spirituellen Eigenschaften der Gattung Homo sapiens sich niemals hätten entwickeln können. Daß die Ankertechniken in ihrem Anwendungsbereich nicht auf den neurologischen Horizont von Ringelwürmern beschränkt sind, dürfte jedem deutlich werden, der sich mit der Materie nicht mehr oberflächlich befaßt.

Übung
Auf der Suche nach dem Glückspunkt

Ob mit oder ohne Lektüre dieses Buches – Sie selbst sind, wie jeder Mensch, in der Lage, sich an die besonders glücklichen Momente in Ihrem Leben zu erinnern. Manchmal beginnt der Vorgang des Sich-Erinnerns mit einem Bild, das sich wie auf einer Leinwand vor Ihrem geistigen Auge präsentiert. Es gibt aber einen Unterschied zwischen Erinnern und *intensivem* Erinnern. Erinnern ist wie das beiläufige Betrachten eines Schwarzweißmonitors, intensives Erinnern ist, als ob Sie einen Film mit DolbySurround in einem Omnimax-Kino sehen. Das intensive Erinnern zeichnet sich dadurch aus, daß für alle Sinnesorgane intern nachgebildet wird, was sie damals, in der so glücklichen Situation, an die Sie jetzt denken, erlebt haben. Gab es ein besonders strahlendes Licht? Satte, leuchtende Farben – oder war es tiefe Nacht, und die Sterne funkelten? Waren wohlige Gerüche dabei? Was gab es zu hören? Vielleicht waren Sie allein, zu zweit oder mit mehreren anderen. Gab es Berührungen auf der Haut? Und gab es Merkmale in der unmittelbaren Umgebung, die für Sie besonders beeindruckend waren, in der Landschaft, der Natur oder einem bestimmten Raum?

So holt die Erinnerung all die entscheidenden Details in die Gegenwart, die zu ihrem Glücksmoment gehört, so daß Sie ihn nicht nur von außen betrachten, sondern voll und ganz darin eintauchen können wie in ein warmes Bad. Sie spüren, wie sich Schritt für Schritt all die angenehmen Empfindungen der damaligen Situation wieder einstellen, vielleicht als Wärme in bestimmten Körperbereichen, vielleicht als ein Pulsieren. Es kann sogar sein, daß Ihre innere Stimme ihre kommentierende Distanz aufgibt, um sich voll und ganz mit dem Glücksmoment zu verbinden. Zögern Sie nicht, von Zeit zu Zeit die Augen zu schließen und den Atem ruhiger werden zu lassen, wenn es Ihnen hilft, sich von diesem Glücksgefühl tragen zu lassen wie von einer sanft prickelnden, herzerwärmenden Woge.

Sobald Sie spüren, daß Ihr Gefühl all die Qualitäten besitzt, die für ein üppiges Glücksempfinden kennzeichnend sind, wird es einen Bereich in Ihrem Körper geben, der stellvertretend für den gesamten Organismus dieses Gefühl deutlicher spürt als andere Bereiche. Sie können sich erlauben, dieses Gefühl, wo immer Sie es im Körper lokalisiert haben, dort sogar noch etwas stärker werden zu lassen. Lassen Sie sich ruhig Zeit dabei – beim Glück geht Intensität vor Eile –, und achten Sie darauf, wie sich Ihre gesamte Muskulatur, vom Gesicht über den Rücken bis in die Füße und die Fingerspitzen, mehr und mehr entspannt. Nachdem das intensiv erinnerte Glücksgefühl mit dem jetzigen Moment verschmolzen ist, legen Sie bitte Ihre Hand dorthin, wo Sie es am deutlichsten und angenehmsten spüren. So, als ob die Berührung durch Ihre Hand diese Empfindung zugleich stärken und behüten könnte.

Lassen Sie sie dort eine Weile liegen, so daß die Hand und der berührte Körperteil auf der Ebene der Zellen all das miteinander austauschen können, was sie sich schon immer einmal sagen wollten. Denken Sie daran, daß Sie sich diesen besonderen Zustand, vielleicht mit einem Lächeln und unter dem Namen ‹Glück›, jetzt gut einprägen. Sogar so gut, daß Sie sich künftig stets daran erinnern können, wenn Sie Ihrem Glückspunkt die Hand reichen.

Protokoll einer Übung

Nachdem Sie bei sich einen Glückspunkt gefunden haben, können Sie dem folgenden Mitschnitt entnehmen, welche Steigerungsformen bei einer ‹Mega-Ekstase›-Gruppenübung möglich sind.

Es wäre vom geschriebenen Wort zuviel verlangt, daß sich der Erfahrungsinhalt der Übung beim Lesen eins-zu-eins kommunizieren lassen sollte. Genausowenig, wie sich durch eine altertumskundige Darstellung der Eleusinischen Mysterien die innere Erschütterung mitteilen läßt, die die Initianden damals erfuhren, so läßt sich auch anhand eines Mega-Ekstase-Protokolls die innere Welt der beglückten Person nicht in Worte fassen.

Dies vorausgeschickt, möchte ich Sie dennoch einladen, so zu tun, als könnten Sie die Zuschauerrolle verlassen; als könnten Sie sich vorstellen, wie es sich anfühlt, in der Position der Teilnehmerin J. zu sein.

J. hatte sich bereit erklärt, die Probe aufs Exempel zu machen. Zuvor war allen Beteiligten der Ablauf der Übung genauestens erklärt worden. Es folgt das Protokoll:

Klaus: Also, was wir jetzt machen, ist, daß wir einen Reigen von guten Zuständen suchen, die jeder für sich schon ekstatischen Charakter haben, die aber im Regelfall in deinem Leben nicht gleichzeitig aufgetreten sind. Die werden wir jetzt alle miteinander verschmelzen lassen. Wir ankern die einzelnen Zustände und lösen sie dann gleichzeitig aus – die Netzwerklösung gewissermaßen. Was ich als erstes möchte, ist, daß du mir ein paar Zustände nennst, die für dich schon sehr, sehr gut sind. Ein Zustand, der dabei nie verkehrt ist, wäre ‹verliebt sein›. Sag bitte selbst: Was wäre ein anderer Zustand?

J.: Ich esse sehr gerne.

Klaus: Also ein Geschmackshöhepunkt. Was noch?

J.: Sport, körperliche Aktivität.

Klaus: Was noch?

J.: Erfolg – mit Freunden zusammen sein, ein Flow-Zustand, wenn etwas gut läuft.

Klaus: Wie ist es mit sexuellem Begehren oder Lust, darf das sein?

J.: Aber bitte, ja – und dann noch kreatives Gestalten.

Klaus: Gibt es innere Stimmen, die du kennst oder die du gerne hättest, die dir zur Unterstützung etwas zuflüstern können, während du in diesen Zuständen bist, irgendwas Nettes, z. B. «Oh, das machst du aber gut, – mehr davon . . .»?

J.: «Mehr davon» – das wirkt gut.

Klaus: Sollen jetzt diese Sätze von unterschiedlichen Stimmen gesprochen sein, oder hast du den Eindruck, das soll alles einer sagen? Dir stehen nämlich gleich Souffleure zur Seite, die dir das dann sagen werden. Die Frage ist nur, wie viele Personen möchtest du haben, die das sagen?

J.: Vier, also wenn schon, denn schon.

Klaus: Okay, dann such jemand aus der Gruppe aus, der zu dir sagt: «Mehr davon.»

J. wählt ihre Freundin M.

Klaus: Okay, dann möchte ich jetzt, daß du der M. beibringst, wie sie das sagen soll: «Mehr davon», daß es genau den richtigen Klang hat, und dann sagst du ihr, von welchem Ort aus du die Stimme haben willst.

Jetzt machst du die Augen zu und stellst dir vor, M. sagt

das, und dann sagst du es so, daß M. weiß, wie es für dich richtig klingen muß.

J.: Mehr davon.

M. spricht es nach, bis J. damit einverstanden ist. Die Prozedur wiederholt sich mit allen anderen Sprechern, die rings um sie Platz nehmen. Klaus setzt sich vor sie und übernimmt die Rolle des Regisseurs.

Klaus: Dann möchte ich, daß du jetzt an den Zustand denkst, verliebt zu sein. Gönn dir das Gefühl, das du hast, wenn du über beide Ohren verknallt bist. So, wie es das letzte Mal war, so, wie es vielleicht beim nächsten Mal sein wird.

Gut, wenn du spürst, daß du richtig verliebt bist, dann sage uns bitte, ob du den Anker lieber auf der rechten oder linken Schulter haben möchtest, oder lieber auf der linken oder rechten Hand.

J. deutet auf die von ihr gewünschte Stelle; jemand aus dem Kreis berührt sie dort sanft.

Klaus: Schön, jetzt möchte ich, daß du an eine Situation denkst, wo es etwas ganz Tolles, Exquisites zu essen gab, wo du die Vielfalt des Geschmacks so richtig genießen konntest. Und wenn du dieses Geschmackserlebnis in deinem Körper deutlich spüren kannst – wo möchtest du den Anker am liebsten haben?

J.: Am Handgelenk. *Auch dieser Anker wird von jemandem berührt.*

Klaus: Jetzt möchte ich, daß du dich an eine Situation erinnerst, in der du Sport gemacht hast, dich bewegt hast, und die körperliche Aktivität, dieses Pulsieren, so richtig genossen hast. Und wenn du jetzt spürst, wie angenehm das ist, Sport zu treiben und dich zu bewegen, wo möchtest du diesen Anker am liebsten haben?

J.: Hier auf dem Knie. *Auch hier wird sie berührt.*

Klaus: Okay, jetzt kommen wir zum Erfolg. Jetzt möchte ich, daß du an eine Situation denkst, in der du sehr erfolgreich warst und es genossen hast, daß du Erfolg hattest, in dem du dich regelrecht in deinem Erfolg gesonnt hast. Wenn du jetzt diesen Erfolg so richtig spüren kannst, wo fühlt sich dieser Anker am besten an?

J. deutet auf die Stelle, diese wird von einer weiteren Teilnehmerin berührt.

Klaus: Jetzt möchte ich, daß du an eine Situation denkst, wo du mit Freunden zusammen warst und den Zustand der Freundschaft unter euch deutlich fühlen konntest. Jetzt spür mal, wo der Anker für Freundschaft am besten ist.

J. deutet auf die Stelle, diese wird ebenfalls von jemandem berührt.

Klaus: Und nun den Flow-Zustand: Alles geht ganz leicht, es flutscht . . .

J. deutet auf die Stelle, auch sie wird berührt.

Klaus: Jetzt möchte ich, daß du dir eine Situation vergegenwärtigst, die in jeder Hinsicht besonders lustvoll war.

J.: Hier am rechten Knie.

Klaus: Dann kommen wir jetzt zu dem Prozeß des Gestaltens mit den Händen. Du genießt es, daß du mit deinen Händen etwas formst und wie dabei etwas entsteht.

J. deutet auch hier auf die gewünschte Stelle des Ankers, der sofort gesetzt wird.

Klaus: Wenn dann alle soweit sind, können wir loslegen und alle Anker gleichzeitig auslösen.

. . . (Ende Protokoll)

Und wie geht es weiter? An diesem Punkt schweigt des Sängers Höflichkeit. Im inneren Heiligtum der ekstati-

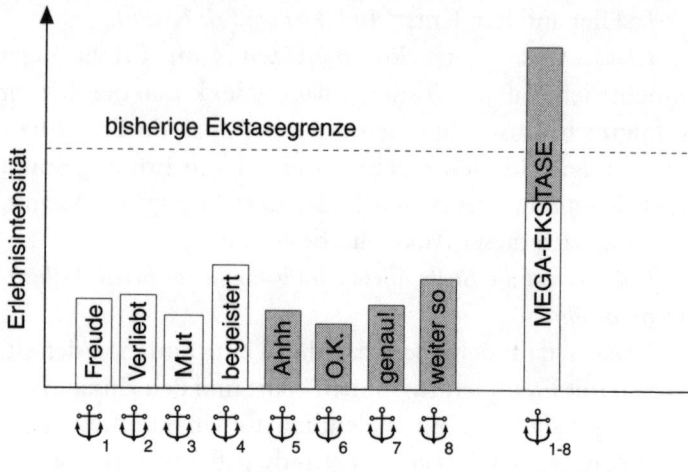

Die gewohnten Grenzen intensiver Glücksgefühle sind nicht die Grenzen dessen, wozu unser Nervensystem fähig ist. Bei der Übung Mega-Ekstase durchbrechen wir unser gewohntes oberes Glückslimit. Unser Nervensystem erlebt einen Level von Erregung, den es in dieser Intensität (jenseits der oberen horizontalen Linie) und vor allem in dieser Kombination (Anker 1 bis 8) bisher nicht kennen konnte.

schen Erfahrung hat das Protokoll nichts zu suchen, auch nicht bei einem postmodernen Glücksritual wie diesem.

Was genau geschieht, wenn die im Kreis plazierten Gruppenmitglieder gemeinsam die jeweiligen Anker aktivieren, wenn all die guten Gefühle auf verwirrende Weise zusammenfließen und vibrieren, während dazu die vorher ab- und eingestimmten Sätze wie: «Das machst du gut» – «Mehr davon» – «Mmmmh» ins Ohr gesprochen werden – das auszumalen ist in Ihrem eigenen Vorstellungsvermögen besser aufgehoben als in jeder Mitschrift. Nur soviel: Das Erlebnis verändert die Person, die in der Mitte ist, aber auch die Beziehungen im Kreis derer, die sie in die Mega-Ekstase geführt haben.

Die Fähigkeit, Lust zuzulassen, ist von Mensch zu Mensch sehr unterschiedlich ausgeprägt. Bei vielen gibt es eine obere Schwelle der Toleranz, und wenn sie sich ihr nähern, tauchen sie wieder ab, nach dem Motto: «It's too good to be true – so etwas kann's doch gar nicht geben.» Anstatt an diesem Punkt in den Rückwärtsgang zu schalten, teuren Cognac in sich hineinzuschütten, sich Nase oder Bronchien zu ruinieren, auf Chemie zu vertrauen oder mit waghalsigen Extremsportarten sein Leben aufs Spiel zu setzen, vermitteln Übungen wie die oben beschriebene Erfahrung, wie wir mit nichts als eigenen Gefühlen und Erinnerungen, mit inneren Bildern und der Hilfe von Freunden mehr Freude, Vertrauen und Glück kreieren können, als wir je meinten, fassen zu können.

In unseren alltäglichen Identitätsgrenzen können wir sie nicht fassen, aber sobald wir diese Grenzen als durchlässig erfahren, können wir Kontakt mit der uns umgebenden größeren Glücksmacht aufnehmen. Wer diese Art der fassungslosen Verzückung kennengelernt hat, spürt eine mehr als nur beiläufige Verbindung zur religiösen Erfahrung, zu einer sehr persönlichen und intimen Form von Gottesdienst. Das ist einer der Gründe, warum ich die Technik der Mega-Ekstase am besten im Kontext eines Rituals aufgehoben sehe, im Rahmen eines demokratisch verfügbaren, postmodernen, auf unverkrampfte Weise dem Heiligen verpflichteten Glücksrituals.

In einer Vorstellung vom Glück der Zukunft, mit der ich mich anzufreunden gelernt habe, liegen sich die Leute nicht in zappelnder Ekstase ununterbrochen in den Armen. Aber der Zugang zur ekstatischen Erfahrung wäre ebenso akzeptiert wie der Besuch eines Schwimmbads, einer Bibliothek oder einer Kirche. Die Tür zur Ekstase zu öffnen ist im Rahmen unserer organischen Möglichkeiten so natürlich, wie die Tür zu einem Schrank zu öffnen, in dem das gute Geschirr verwahrt wird.

GLÜCK UND GLAUBEN
DIE INTERPUNKTION DER ERFAHRUNG

Müssen wir glauben?

Ich hatte einen Klienten, der zu mir kam und sagte: «Meine Frau liebt mich nicht mehr.»

Ich entgegnete: «Das ist ja interessant. Woran merken Sie denn das?»

«Daran, daß sie nichts Nettes mehr zu mir sagt.»

«Das ist in der Tat bedauerlich», pflichtete ich bei. Aber irgendwie hatte ich das Gefühl, da stimmte etwas nicht. Also bat ich ihn, mich zu sich nach Hause einzuladen.

Kurz darauf lud er mich zum Essen ein. Wir saßen zu dritt am Tisch, unterhielten uns über dieses und jenes, und auf einmal – ich hatte gerade lobend den schönen Rosengarten erwähnt – sagte die Frau: «Das hat mein Mann doch toll gemacht, nicht wahr? Wenn der im Garten arbeitet, dann sieht es immer so toll aus.»

Als sie in der Küche war, fragte ich ihn: «Haben Sie es gemerkt?»

«Was?»

«Ihre Frau hat gerade etwas Nettes über Ihre Gartenarbeit gesagt.»

«Das hat sie doch nur gesagt, weil Sie da waren.»

Und so ging es weiter.

Die Frau erzählte im Laufe des Abends noch einige positive Dinge über ihren Mann, und immer wenn ich ihn darauf ansprach, hatte er es entweder überhaupt nicht gehört, oder er sagte: «Das meint sie nicht so, das sagt sie nur, weil sie damit etwas erreichen will.»

Der Glaubenssatz dieses Mannes lautete offenbar: «Meine Frau liebt mich nicht mehr.» Entstanden ist er aufgrund irgendeiner Erfahrung. Vielleicht, weil sie fremdgegangen ist – oder was auch immer. Und in seinem Modell der Welt bedeutete das jetzt, daß sie auch nichts Nettes mehr über ihn sagte. Sobald man das erst einmal glaubt, werden alle Bemerkungen, die vielleicht tatsächlich nicht besonders nett sind, als Bestätigung des Glaubenssatzes aufgefaßt. Wenn die Frau dagegen wirklich einmal etwas Nettes sagt, hört man es gar nicht. Und wenn man es hört, biegt man es so zurecht, bis man davon überzeugt ist, daß es eben nicht nett gemeint war. Die Folge: Oberflächlich ist dieser Mann verärgert und enttäuscht, im Unterbewußtsein aber atmet er auf, da sein Glaube an die ‹nicht mehr ganz glückliche Ehe› wieder gerettet ist.

Dieser kleine Ausflug in die Praxis läutet ein Kapitel ein, das – endlich! – mit Glück erst einmal überhaupt nichts zu tun hat. Im folgenden geht es darum, wie man die Differenziertheit der eigenen Wahrnehmung erhöht, und was ein Glaubenssatz für eine bessere Organisation der inneren Erfahrung leistet. Denn: Wenn Glauben Glückssache ist (wie wir eben gesehen haben), kann Glück auch Glaubenssache sein.

Sie können im Verlauf dieses Kapitels zum Beispiel

überprüfen, ob und wie es sich auf die Informationsverarbeitung in Ihrem eigenen System auswirkt, wenn Sie während des Lesens Ihre Wahrnehmung verändern. Vielleicht schaffen Sie es, die Wahrnehmung der Komplexität und die Komplexität der Wahrnehmung ein wenig über das Übliche hinaus auszudehnen. Etwa, indem der Input, den Sie jetzt bekommen, sich gleichzeitig auf sehr vielen unterschiedlichen Ebenen Ihrer Wahrnehmung ausdehnen wird – wie bei einem mentalen Spagat, so daß Sie diesen und die nachfolgenden Sätze wie ein Rätsel aufnehmen, dessen Reiz darin besteht, daß Sie es weder zu lösen vermögen noch auf die Lösung zu verzichten brauchen und daß Sie die Worte zum Teil in Trance, zum Teil außerhalb einer Trance, zum Teil in einem merkwürdigen Zwischenreich lesen werden, denn zweifelsohne können Sie das – und haben es vielleicht bereits erfolgreich getan –, während gleichzeitig noch ein anderer Teil von Ihnen versucht, sich in dieser etwas ungewöhnlichen Satzstruktur zurechtzufinden – doch dazu später mehr . . .

Mentale Prozesse, bei denen aufgrund von Glaubenssätzen («Meine Frau liebt mich nicht mehr!») etwas aus der Wahrnehmung verallgemeinert, getilgt oder verzerrt wird, verlaufen ständig in uns allen. Es gibt eben sehr viele Möglichkeiten, eine Information aufzunehmen und zu verarbeiten, und Glaubenssätze geben der Informationsverarbeitung eine bestimmte Richtung, einen bestimmten Rahmen. Dieser Kontext bestimmt die Bedeutung, die man der Information beimißt, und mit welchen Erfahrungswerten oder inneren Erlebnissen man sie verbindet. Hat man genügend Einzelerfahrungen in einem bestimmten Kontext eingeordnet, verfestigt sich der Rahmen, und man gewinnt den Eindruck, es mit einer besonderen Klasse wiederkehrender Ereignisse zu tun zu haben. Kommen dann weitere Informationen dieser Art hinzu, werden sie automatisch derselben Klasse zugeordnet. So entsteht eine Verallgemeinerung. Bleibt sie lange genug bestehen, verfestigt sie sich weiter und wird zu einem Glaubenssatz, also zu einer tief verwurzelten, mit jeder Faser unseres Seins als richtig erachteten Annahme über das Funktionieren der Welt. Fällt der Satz «Meine Frau liebt mich nicht» in diese Kategorie, dann bekommt er intern dieselbe unerschütterliche Wahrheit wie der Satz «Jeden morgen geht die Sonne auf».

Eine wesentliche Frage zum Thema Glaubenssätze ist: «Warum haben wir überhaupt welche?»

Dafür gibt es eine einfache Antwort: Weil wir nicht alles wissen können. Und weil wir nicht alles wissen können, müssen wir ständig glauben.

Glaubenssätze sind nichts anderes als Generalisierungen auf der Basis beschränkter, aber verallgemeinerter Erfahrung. Um diese Beschränkung kommen wir nicht herum, da kein Mensch über einen Erfahrungsschatz verfügen kann, der sämtliche im Universum möglichen Vorkommnisse zum Abgleich bereithält. Daraus machen wir dann etwas sehr Praktisches: Wir glauben. Irgend etwas. Wir können gar nicht *nicht* glauben. *Einen Glaubenssatz zu bilden ist ein äußerst effizienter Weg, angesichts unvermeidbarer Erfahrungsdefizite handlungsfähig zu bleiben.*

Glaubenssätze haben aber gleichzeitig die Wirkung eines Wahrnehmungsfilters, der die Stabilität dessen, was wir glauben, über einen langen Zeitraum sichert. Wenn wir erst einmal etwas glauben, dann wirkt dieser Glaube wie eine sich selbst erfüllende Prophezeiung, die das, was unser Glaubenssatz über die Welt aussagt, immer wieder neu bestätigt. Das heißt, Dinge, die wir glauben, nehmen wir verstärkt wahr – und sie verstärken sich dadurch, daß wir sie wahrnehmen. Dinge, die zu dem, was wir glauben, nicht passen, ignorieren wir entweder von vornherein, oder wir verzerren sie so, daß sie mit dem Glauben, den wir haben, doch noch irgendwie übereinstimmen.

Glaubenssätze sind übrigens keine subjektiven Marotten aus dem Privatleben mißtrauischer Eheleute. Sie sind im hehren Wissenschaftsbetrieb, wo man nominell der Objektivität – und nichts als der Objektivität – verpflichtet ist, genauso anzutreffen wie übrigens auch in der Therapie.

Die schmutzigen Reagenzgläser der Therapie

Wer sich mit naturwissenschaftlichen Experimenten beschäftigt, sei es in Physik, Chemie oder Biologie, wird bemerken, daß Experimente häufig nicht funktionieren – jedenfalls nicht so, wie sie schulbuchmäßig funktionieren sollten. Chemiker nennen das den ‹Effekt des schmutzigen Reagenzglases›.

Wenn eine Reaktion anders als erwartet abläuft, erklärt man sich das Unerwartete mit Störfaktoren, etwa der Schusseligkeit des Assistenten, der das Reagenzglas nicht richtig sterilisiert hatte. Eine derartige Erklärung hat den Vorteil, daß sie den ‹Fehler› auf einer untergeordneten Ebene ansiedelt. Die Theorie selbst jedoch, geschweige denn das zugrundeliegende wissenschaftliche Paradigma, ist nicht von der Suche nach der Fehlerquelle betroffen.

Viele wissenschaftliche Entdeckungen, von Galilei bis in unsere Zeit, wurden aber gerade dadurch möglich, daß sich ein denkender Mensch fragte, ob nicht bestimmte unübliche Effekte, die es nach herrschender Lehrmeinung eigentlich gar nicht geben darf, eben kein «Zufall», sondern systembedingt sind. Ob nicht das, was wie eine schlichte Ausnahme einer bekannten Regel aussieht, in Wirklichkeit zu einer neuen Klasse von Phänomenen gehört, für die ganz andere Regeln gelten. Diese aus der Geschichte der Naturwissenschaft bekannte Betriebsblindheit läßt sich auch im Bereich der Therapie antreffen. Auch dort ist man vor dem psychologischen Pendant des ‹schmutzigen Reagenzglases› nicht gefeit.

Angenommen, ich folge einem bestimmten therapeutischen Format aus dem Repertoire dessen, was ich gelernt habe – Ankern zum Beispiel –, aber es funktioniert einfach nicht. Dann gibt es die Möglichkeit, zu sagen: «Der Klient ist im Widerstand» oder: «Er ist noch nicht bereit, sich wirklich zu verändern» oder auch: «Der Therapeut hat etwas falsch gemacht.»

Gemeinsam ist all diesen Schlußfolgerungen, daß sie die Richtigkeit des eigenen Modells von Therapie nicht in Frage stellen, geschweige denn, es verändern, wie schön – es darf so bleiben, wie es ist. Schließlich hatte man es ja lediglich mit einer Ausnahme zu tun, mit einem Einzelfall, der aus der Reihe zu tanzen beliebte. Bei vielen anderen Klienten hat sich das Modell ja auch bewährt. Es ist durchaus vollkommen, nur unser armer Klient eben leider nicht.

Eine andere Möglichkeit der Reaktion wäre, zu sagen: «Bei bestimmten Symptomen komme ich regelmäßig nicht weiter – vielleicht ist mein therapeutisches Modell an dieser Stelle zu eng.» Jetzt bin ich an einem ganz wichtigen Punkt: Wofür ich mich hier entscheide, hängt nämlich davon ab, was ich selbst über meine therapeutische Methode glaube. Wenn ich glaube, meine Methode sei vollkommen, wenn ich als glühender Verfechter meiner Disziplin davon überzeugt bin, daß sie den Bereich psychische Störungen im weitesten Sinne abdeckt, dann ist von vornherein klar: Wenn etwas nicht funktioniert, liegt es an der Bockigkeit des Klienten. Je nachdem, was ich glaube – über mich, meine Partnerin, meinen Beruf –, reagiere ich unterschiedlich auf ein und dieselbe Erfahrung. Auf der Ebene des Glaubens (im psychologischen, nicht im religiösen Sinne) entscheidet sich, was ich mir und anderen zutraue, ob ich in einer gegebenen Situation bereit bin, zu handeln, oder ob ich resigniert abwinke.

Bei dieser Bedeutung von Glaubenssätzen stellt sich eine nagende Frage: Was ist der richtige Glaube? Diese Frage ist sinnlos. Denn Glaubenssätze sind keine Sätze über die Welt, im Sinne eines unwiderlegbaren Axioms. Sie mögen gelegentlich so aussehen, sind es aber nicht. Sie sind strenggenommen Aussagen darüber, wie wir bestimmte Einzelerfahrungen verallgemeinern. *Glaubenssätze sind unausgesprochene Haltungen zur Welt, die nicht überprüft und nicht reflektiert werden. Es sind Wahrnehmungsfilter, die uns nach eben den Erlebnissen Ausschau halten lassen, die den Glaubenssatz bestätigen.*

Liebenswerte Osterhasen

Das Telefon klingelt um 19 Uhr. Die junge Frau hebt ab. Um diese Zeit ruft gewöhnlich ihr Freund an, in den sie bis über beide Ohren verknallt ist. Er ist auch diesmal dran, doch er sagt nur drei Worte: «Ich verlasse dich!», und legt auf.

Fünfzehn Jahre später sucht die Frau einen Therapeuten auf, denn sie wähnt sich vom Unglück verfolgt. «Mein Problem ist», sagt sie mit gesenktem Blick, «daß ich nicht liebenswert bin».

Das traumatische Erlebnis liegt schon weit zurück, jedoch hatte die junge Frau es so verarbeitet, daß sie ihre gesamte Identität damit verknüpft sah. Die Enttäuschung über den ruppigen Abschied ihres Freundes wurde in dem Glaubenssatz festgeschrieben: «Ich bin nicht liebenswert.»

Der Glaubenssatz hat sich als höchst lebendig und widerstandsfähig erwiesen. Wie sich im Gespräch herausstellte, hatte die Frau seit jenem Anruf aus der Fülle möglicher Partnerschaften sehr zuverlässig gerade die ausgewählt, die ihr früher oder später eine Ablehnung bescherten. Entweder verknallte sie sich in einen Mann, der sie nicht gut fand, oder, falls er ihre Liebe wider Erwarten erwiderte, sie veranstaltete alles Mögliche, damit sich der Glaubenssatz «Ich bin nicht liebenswert» letztendlich als richtig erwies.

Die Folge von Partnerschaften dieser Art sind vertrackte Manipulationen, an denen beide keinen Spaß haben und die keiner wirklich will. Liegt doch die Wirksamkeit des Glaubensprogramms «Ich bin nicht liebenswert» darin, daß es weitgehend unbewußt abläuft. Die starke emotionale Primärladung, die ihm zugrunde liegt, gewährleistet eine psychische Immunreaktion, die alle Erfahrungen abstößt, die dem Glaubenssatz widersprechen.

Im Grunde erweist sich der Satz «Ich bin nicht liebenswert» als völlig sinnlos, denn er verweigert sich allen Kriterien, anhand derer man überprüfen kann, ob er wahr ist. Jeder therapeutische Versuch, an die bessere Einsicht zu appellieren, etwa im Sinne von «Aber nein, Sie sind doch durchaus liebenswert», kann nur ins Leere führen. Eine der Methoden, die im NLP verwendet werden, um Glaubenssätze zu verändern, umgeht deshalb die Inhaltsebene ganz und gar. Statt dessen wird die *Form* untersucht, in der jemand seine Glaubenssätze intern darstellt. Diese junge Frau habe ich beispielsweise gefragt: «Was für ein Bild sehen Sie bei dem Satz ‹Ich bin nicht liebenswert›?» Und sie beschrieb sofort, wie sie den damaligen Freund in Übergröße vor sich sieht und seine Stimme hört, wie er am Telefon sagt «Ich verlasse dich!», und wie sie dabei automatisch ein Gefühl tiefer, auswegl009er Niedergeschlagenheit beschleicht. Das war ihr innerer Kurzfilm, der mit ihrem Glaubenssatz automatisch aktiviert wurde und ihm erst seine emotionale Kraft verlieh.

Als nächstes fragte ich: «Glauben Sie an den Osterhasen?» Etwas verwirrt entgegnete sie: «Nee, also wirklich nicht.» Darauf ließ ich mir genau beschreiben, wie sie intern den Osterhasen repräsentierte, an den sie *nicht* glaubte. Diese innere Repräsentation besaß eine ganz andere Form als die Repräsentation von «Ich bin nicht liebenswert»: ein kleiner bunter Comic unten rechts auf ihrem inneren Bildschirm. Damit hatte sie ein handfestes Beispiel, wie und wo in ihrer inneren Welt etwas dargestellt wurde, das ‹auf überzeugende Weise unglaubwürdig› war. Nun bat ich sie, das Bild des treulosen Freundes so zu verändern, daß es exakt an die Stelle trat und in der Größe repräsentiert wurde, wie sie den Osterhasen sah. Diese Aufgabe stürzte sie erst einmal noch weiter in Verwirrung, sie schloß aber bereitwillig die Augen und nahm im Inneren die Veränderung vor. Nach einer Weile begann sie erleichtert zu seufzen und lächelte sogar dabei. Der Glaube, nicht liebenswert zu sein, hatte in ihrer inneren Welt jetzt denselben formalen Status wie der Glaube an den Osterhasen. Der zugrundeliegende Prozeß ist hier stark vereinfacht wiedergegeben, aber sein Ergebnis ist, daß die neurologische Organisation des alten Glaubenssatzes so sehr ins Schleudern gerät, daß er nicht mehr wie bisher aufrechterhalten werden kann.

Als Therapeut kann ich ähnliche Interventionen allerdings nur dann vornehmen, wenn ich selbst den Glaubenssatz habe, daß sich die Glaubwürdigkeit so ziemlich jedes Glaubenssatzes erschüttern läßt. Das mag sich irgendwann als nicht zutreffend erweisen, aber vorerst hilft es mir bei der Arbeit mit Menschen, wenn es darum geht, behindernde Glaubenssätze zu verändern. Wichtig ist dabei, daß ich mich jeweils genau an den Auftrag halte, den ich vom Klienten bekomme. Das heißt, ich maße mir nicht an, über Sinn und Zweck der therapeutischen Ziele besser Bescheid zu wissen als der Klient. Andererseits lasse ich nichts unversucht, um beschränkende Vorannahmen, die ihn am Erreichen seines selbstgesteckten Ziels hindern, ins Wanken zu bringen. Jemand hat meinetwegen den Glaubenssatz: «Ich kann schlecht Sprachen lernen.» Jetzt möchte er diesen Glaubenssatz verändern. Womöglich hätte er gerne den Glaubenssatz: «Ich kann leicht Sprachen lernen.» An diesen Auftrag halte ich mich im Regelfall nicht. Ich helfe ihm vielleicht im ersten Durchgang der therapeutischen Intervention, zu glauben, daß er leicht Sprachen lernen kann, einfach damit er auch einmal den Kehrwert seines alten Glaubenssatzes kennenlernt. Dann führe ich ihn aber wieder zurück in den alten Glauben, demzufolge er mit dem Sprachenlernen Schwierigkeiten hat. Das wiederhole ich ein paarmal, und dann stelle ich ihm die Frage: «Was ist wirklich?»

Dann sagt er: «Diese Frage macht jetzt gar keinen Sinn.»

Dann sage ich: «Genau. Was glaubst du jetzt darüber, wie das ist: Bist du begabt, Sprachen zu lernen – oder nicht?»

Häufig fangen die Betreffenden dann an zu lachen. Und nicht selten beginnen sie einen Sprachkurs und kümmern sich nicht mehr darum, ob sie glauben, gut Sprachen lernen zu können oder nicht. Sie lernen sie einfach.

Punkt und Komma in der Flut der Sinnesdaten

Vor kurzem kam ein Mann zu mir in die Therapie, der sein Problem wie folgt formulierte: «Ich bin mit der Beziehung zu meiner Frau unzufrieden, weil sie keine Lust auf Sex mehr hat.»

Ich erwiderte: «Vielleicht hat Ihre Frau nicht mehr so oft Lust auf Sex, weil Sie mit der Beziehung zu ihr unzufrieden sind?» Die Wirkung war verblüffend: Er ging sofort in Trance, und ich konnte vom Fleck weg mit der therapeutischen Intervention beginnen. Was hatte ich gemacht? Ich hatte nicht die Ereignisse, sondern ihre Interpunktion verändert. Ob wir Glück und Glauben, Liebe und Sorgen erleben, hängt nämlich nicht nur von den Erfahrungen ab, die wir machen, sondern auch und vor allem davon, wie wir unsere Erfahrungen ‹interpunktieren›.

Es war Gregory Bateson, der den Begriff der Interpunktion von der Sprachwissenschaft auf die Neurolinguistik, gleichsam die Grammatik der Nervensprache, übertrug. Damit führte er eine Betrachtungsweise ein, die revolutionäre Erkenntnisse darüber ermöglichte, wie ein und dasselbe Ereignis, ein und derselbe kommunikative Kontext ganz unterschiedliche Bedeutungen, Bewertungen und Verhaltensweisen hervorrufen können – und das unter Umständen bei ein und demselben Menschen.

Die Zeichen, mit denen wir geschriebene Sätze markieren, machen zwar einen eher unscheinbaren Eindruck – und wer ist schon ganz firm mit den Kommaregeln? –, aber wenn sie fehlen oder an die falsche Stelle gesetzt sind, stellt sich beim Lesen ein merkwürdiges, das Verständnis erschwerendes Störgefühl ein. Sehen Sie selbst: «Die Zeichen mit denen wir Sätze markieren machen zwar im Schriftbild einen eher unscheinbaren Eindruck und wer ist schon ganz firm mit den Kommaregeln aber wenn sie fehlen oder an die falsche Stelle gesetzt sind stellt sich beim Lesen ein merkwürdiges das Verständnis erschwerendes Störgefühl ein.»

Die Bedeutung eines normalen Satzes hängt eben doch nicht zuletzt davon ab, ob wir an einer bestimmten Stelle Punkt, Komma, Strich setzen oder nicht. Zum Beispiel bedeutet: «Der gute Mensch denkt an sich selbst zuletzt» etwas ganz anderes als «Der gute Mensch denkt an sich – selbst zuletzt.» Hier geht es nicht etwa nur um Nuancen. Schreibweise und Wortfolge sind dieselbe, doch die Interpunktion sorgt für zwei diametral entgegengesetzte Bedeutungen. Aus dem Altruisten im ersten Satz, der an sich selbst zuletzt denkt, wird ein schonungsloser Egoist, der bis ins letzte nur an einen denkt: sich selbst.

Durch einen Gedankenstrich oder ein Komma machen wir eine kleine Atempause im Bedeutungsstrom – wir stellen klar, dieser Teil der Bedeutung gehört noch zum ersten Satzteil und nicht zum zweiten.

Die Interpunktion, für die wir in der Schrift die Satzzeichen verwenden, nehmen wir in der gesprochenen Sprache durch Pausen und Betonungen oder Heben und Senken der Stimme vor. Phonetische Interpunktionen sind wesentliche Bestandteile einer lebendig und nuanciert gesprochenen Sprache. Kein Wunder, daß sich Sprachcomputer damit noch ziemlich schwertun.

Genauso wie wir in der geschriebenen und gesprochenen Sprache Zeichensetzungen vornehmen, um Sinnstrukturen zu verdeutlichen, so verwenden wir auch ständig mentale Interpunktionen, um die unendliche Flut der Sinnesdaten in unserem Gehirn zu sortieren. Damit wir uns auf den Landkarten des Bewußtseins zurechtfinden, müssen wir die Datenflut, die durch unsere fünf Sinne auf uns einströmt, ständig unterteilen und nach Zusammenhängen gruppieren.

Während Sie dieses Buch lesen, sind Sie den unterschiedlichsten Sinneseindrücken ausgesetzt, die Sie entweder aus der Wahrnehmung herausfiltern oder zum Bewußtsein vorlassen. Was Sie mit den Ohren hören, mit den Augen sehen, auf der Haut fühlen oder mit der Nase riechen, interpunktieren Sie ununterbrochen nach bestimmten Kriterien: Was ist wichtig, was ist nicht wichtig? Was gehört womit zusammen, was gehört womit nicht zusammen? Die Summe dieser mentalen Prozesse erzeugt das befriedigende Gefühl, die Dinge einordnen zu können. Jedenfalls solange keine unverhofften Störungen auftreten.

Das alles setzt voraus, daß man intern über ein Ordnungsmuster verfügt. Denn von sich aus sagen die vielgestaltigen, chaotisch und gleichzeitig auftretenden Sinnesdaten ja nicht, wohin sie gehören, was sie bedeuten und in welchen Rahmen sie eingeordnet werden sollen. Diese Entscheidungen werden blitzschnell und vorbewußt im menschlichen Gehirn getroffen. Dadurch entstehen stabile Bedeutungsbilder, Bedeutungsprioritäten, die uns erlauben, die Welt differenziert zu erleben.

Sie können sich das Geschehen in Ihrem Kopf vielleicht wie die Bewegungen auf einem großen Rangierbahnhof vorstellen, wo die aus allen Richtungen eintreffenden Waggons nach bestimmten Ordnungskriterien zu Güterzügen zusammengestellt werden. Zwanzig Waggons mit Briketts nach Bremen, zwanzig Waggons Kartoffeln nach Berlin, halbe/halbe nach Hamburg. Und wie es auf dem Rangierbahnhof viele Möglichkeiten gibt, die Züge zusammenzustellen, gibt es auch in der ‹virtuellen› Organisation des Bewußtseins unendlich viele verschiedene Möglichkeiten, mit den Strömen der Erfahrung zu rangieren, sie zu ordnen, sie zu teilen, neu zu gliedern; eben zu interpunktieren. Bei allen Freiheiten, die uns das Gehirn bietet, haben wir nicht die Möglichkeit, dies zu vermeiden – irgendwie interpunktieren wir immer.

Das gilt auch für den Mann, der sagt: «Ich bin mit der Beziehung zu meiner Frau unzufrieden, weil sie keine Lust mehr auf Sex hat.» Er hat in der Ehe einen komplexen Fluß von Ereignissen erlebt – er macht etwas, sie macht etwas, er macht etwas, sie macht etwas usw., um klarzukommen, sieht er zu, daß er hier einen Abschnitt markiert und da wieder einen, so wie man in einem Satz mit vielen Nebensätzen Kommas setzt. Und bei einem bestimmten Gliederungspunkt sagt er: «Hier fängt das Problem an, nämlich meine Frau hat keine Lust mehr. Und hier endet es, nämlich ich habe auch keine Lust mehr.» Von jetzt an besticht die Angelegenheit durch ihre Übersichtlichkeit – klare Ordnung, saubere Schnitte. Außer acht gelassen wird dabei nur die Tatsache, daß es letztendlich eine willkürliche Entscheidung ist (eine Kür des Willens), den Schnitt gerade an *diesem* Punkt und nicht woanders anzusetzen.

Im Falle dieses Mannes habe ich in der therapeutischen Situation diesen wichtigen Schnitt in seinem Erfahrungsfluß, das ‹neurolinguistische Komma›, lediglich etwas anders plaziert und ihm eine andere Variante seines Glaubenssatzes angeboten: «Sie sind unzufrieden mit Ihrer Beziehung, und darum hat Ihre Frau keine Lust mehr.» Dadurch wurde ihm auf einer bestimmten Ebene klar, daß diese Interpunktion des Ereignisablaufes genauso statthaft sein würde wie seine bisherige.

Immer, wenn wir sagen: «Ich bin traurig, weil du . . .», nehmen wir eine bestimmte Interpunktion vor. Daß jemand anders eine ganz andere mentale Zeichensetzung vornehmen kann, merkt man spätestens dann, wenn er widerspricht: «Nein, ich mach das ja nur, weil du . . .» Und während die Streithähne felsenfest überzeugt sind, tief im Sinn des Gesagten zu schürfen und um Inhalte wie Liebe und Glück zu ringen, haben sie sich im Grund nur über die neurolinguistischen Kommaregeln in der Wolle, nämlich über die Frage: *Wo gehören im Handlungsstrom unserer Beziehung eigentlich die mentalen Satzzeichen hin?* Daß zwei Menschen, gerade wenn sie sich lieben, zu der Einsicht kommen, daß sie streckenweise ganz grundverschiedene Interpunktionen vornehmen, ist an sich schon sehr verwirrend. Doch es kommt noch schlimmer: Sosehr man sich auch ins Zeug legt, um die eigene Interpunktion gegen alle Anfechtungen zu verteidigen, es bleibt einem doch nicht erspart, zu erfahren, daß alle anderen ihre Interpunktion für genauso richtig halten. So ist es nur logisch, daß der Streit um die richtige Interpunktion keine Sieger, sondern nur Frustrierte hervorbringt.

Lob der Beliebigkeit – der Unterschied ist das K+

Gibt es denn gar keine Regeln für richtiges mentales Interpunktieren? Gibt es keinen Knigge für den richtigen Gebrauch des Gehirns? Wenn Sie auf einem Blatt Papier eine

Anzahl von Punkten haben, können Sie beliebig große Kreise um sie ziehen, ohne daß die Punkte Einspruch erheben. Mal werden die Punkte dem einem Kreis zugeordnet, mal dem anderen, und falls sie sich überlappen, beiden. Wenn Sie in sich selbst eine beliebige Anzahl von Erlebnispunkten haben, können Sie die Ereignisse, die Sie erleben, auch auf beliebige Art und Weise interpunktieren und uminterpunktieren, und Sie können die verschiedenartigsten Kreise um Ihre Erlebnispunkte ziehen.

Auch im oben geschilderten Fall ist es nicht so, daß es nur folgende zwei Möglichkeiten gibt: «Entweder sie hat keine Lust mehr, und deswegen bin ich mit der Beziehung unzufrieden» – oder: «Ich bin mit der Beziehung unzufrieden, und deshalb hat sie keine Lust mehr.» Mit etwas Einfallsreichtum und einem anderen Set von Vorannahmen lassen sich in so einem Streit noch ganz andere Interpunktionen finden, etwa: «Dieser ganze Konflikt existiert nur, weil wir in einem früheren Leben schon dasselbe Problem hatten» – oder: «Das kommt, weil sie gerade Saturn auf der Venus hat.» Der Ereignisraum bleibt stets derselbe, und doch leben wir, was die potentiellen Interpunktionen angeht, im Land der unbegrenzten Möglichkeiten.

Welche Interpunktion ist zulässig, welche nicht? Wie muß man interpunktieren, und wie darf man es nicht? Auch hier schleicht sich gerne eine altbekannte Neigung des Menschen ein: insgeheim zu hoffen, es müßte doch irgendwo im Universum ein oberstes Gericht geben, das von hoch oben verfügt: So ist es richtig, und so ist es falsch. Wer sich daran hält, wird glücklich und zufrieden bis an sein Lebensende, und wer das Gesetz bricht, na, der wird schon sehen, wo er landet!

Die Suche nach der unverwüstlichen Wahrheit ähnelt –

leider! – der Suche nach der unvergänglichen Schönheit des Körpers. Jeder weiß, dieses Ziel ist eine Illusion, aber man steuert es dennoch an. Und zwischenzeitlich läßt sich mit Kosmetikprodukten und plastischer Chirurgie für den Körper, mit letzten Wahrheiten und ‹richtigen› Interpunktionen für den Geist eine Menge Geld verdienen.

Das damit unweigerlich verbundene Problem wurde von einem amerikanischen Undergroundmagazin einmal sarkastisch auf den Punkt gebracht: «Erst präsentiert man uns all diese Vorbilder im Fernsehen, aber kaum haben wir sie nachgeahmt, sehen sie schon wieder anders aus.»

Da uns kein allerhöchster Richter die Entscheidung abnimmt, welche Interpunktion wir als Vorbild nehmen sollen und welche nicht, müssen wir es schon selbst wissen. Die therapeutische Bodenarbeit besteht derweil darin, dem Klienten Wege anzubieten, wie er die eine Interpunktion durch eine andere ersetzen kann – und zu zeigen, daß das eine wie das andere Konsequenzen hat.

Damit hat man an der Welt ‹da draußen› nichts wirklich geändert. Man hat nur eine interne Interpunktion gegen eine andere ausgetauscht. Von der Befindlichkeit des Klienten aus gesehen, besteht der entscheidende Unterschied darin, daß ihn die eine lebendiger und handlungsfähiger macht als die andere. Der schlichteste und zugleich mächtigste seelische Lackmustest bleibt die Frage: Welche Interpunktion erlaubt mir, mehr Glück zu erfahren als eine andere? Oder, um es im NLP-Jargon auszudrücken: Welche Interpunktion produziert ein ‹K+›? (Kürzel für positive Kinästhetik = angenehme Gefühlsempfindung), und welche produziert das Gegenteil, ein ‹K−›?

Wer in einer Geisteswelt groß geworden ist, in der an die

Existenz eines vorgegebenen, unverrückbaren, ewiggültigen Wertefundaments geglaubt wird – und in gewisser Weise teilen wir alle diese Ein-feste-Burg-ist-unser-Gott-Hypothese –, dem kann es bei der Vorstellung beliebig frei verschiebbarer Interpunktionen schon mulmig werden. Hier stellt sich die Frage, ob es eine Möglichkeit gibt, Therapie zu machen, die mehr als ein Verschiebebahnhof beliebig hin und her rangierter Interpunktionszüge ist.

Um das Problem von einer anderen Warte aus zu beleuchten, möchte ich Sie bitten, sich vorzustellen, Sie gehen jetzt eine Stufe höher, dorthin, wo Sie erkennen, daß Sie nicht Opfer vorgefertigter Interpunktionen sind, sondern daß Sie selbst es sind, der die Welt interpunktiert. Gehen Sie einmal davon aus, daß Sie die Kriterien, nach denen Sie die Unterteilungen vornehmen, selbst bestimmen, und daß es in Ihnen einen Ort gibt, an dem Sie selbst die Freiheit haben, jede beliebige Interpunktion zu wählen, zu verwerfen und neu zu setzen. Auch dieser ‹Ort› entsteht wiederum nur dadurch, daß Sie ihn im Strom der Lebenserfahrung markieren, aber es ist ein Ort auf einer höheren logischen Ebene.

Um zu verdeutlichen, was es damit auf sich hat, kehren wir zu dem Beispiel zurück, daß jemand glaubt: «Ich bin nicht liebenswert.» In solchen Fällen gehen Therapeut und Klient gern in trauter Eintracht davon aus, daß es darum geht, einen ‹falschen› Glaubenssatz durch einen ‹richtigen› zu ersetzen. Folgerichtig meint der Therapeut, es wäre schlau, wenn er dem Klienten helfen könnte, von sich selbst zu glauben: «Ich bin liebenswert.» Logisch gesehen sind beide Sätze völlig gleichwertig, indem sie beide übergeneralisieren. Die Folge ist ausgesprochener Pauschalglaube, und der kann in beiden Fällen katastrophale Konsequenzen haben. Wenn jemand glaubt: «Ich bin liebenswert, komme, was wolle», dann kann es sein, daß er daraus den Schluß zieht: «Egal, wie unverschämt ich mich verhalte, egal, was ich für einen Bockmist baue, egal, was ich von anderen für Feedback bekomme – ich bin und bleibe liebenswert.» Ob dieses Selbstbild seine sozialen Beziehungen fördert, wage ich sehr zu bezweifeln. Einen Glaubenssatz um 180° zu wenden, bedeutet nichts anderes, als den Komplementärwert zu der Interpunktion zu installieren, den der Klient als Problem mitgebracht hat. Dann ist er – bildlich gesprochen – jetzt auf dem Südpol gelandet, nachdem er zuvor auf dem Nordpol gefroren hat.

Recht betrachtet ist es nicht einmal besonders einleuchtend, warum ausgerechnet gerade das Spiegelbild eines problematischen Glaubenssatzes unproblematisch sein sollte. Bereits Albert Einstein formulierte die Erkenntnis, daß die Lösung eines Problems nicht auf derselben logischen Ebene wie das Problem liegen kann.

Auf die Therapie übertragen, bedeutet das: In dem Moment, wenn der Klient die logische Ebene wechselt, wenn er erkennt, daß er in seinem Verhalten mehr Möglichkeiten hat, als zwischen Nordpol und Südpol zu pendeln, wenn er nicht nur weiß, daß er den unendlichen Strom der Ereignisse immer wieder neu interpunktieren kann, sondern von dieser Freiheit tatsächlich Gebrauch macht – in diesem wichtigen Moment hat er ein neues Maß an Selbstverantwortlichkeit erreicht. Dann ist er auch nicht mehr darauf angewiesen, von einem Therapeuten, einem Priester oder irgendeiner anderen Autorität zu erfahren, nach welcher Richtschnur er seine Erfahrungen auszurichten hat, um als politisch korrekt, psychologisch korrekt oder metaphysisch korrekt zu gelten. Er erlangt schlicht und ergreifend die Meisterschaft über seine eigene Interpunktion. Dafür ist unser menschlicher Bio-Computer bestens ausgerüstet – zum Glück! Indem wir ihn so nutzen, treten wir das Erbe unserer Freiheit an.

Ein mögliches Lernziel wäre zum Beispiel, sagen zu können: «Wenn andere mich für liebenswert oder für nicht liebenswert halten, sagen sie etwas über ihre eigene Interpunktion aus. Wenn ich mich selbst für liebenswert oder für nicht liebenswert halte, sage ich etwas über meine eigene Interpunktion aus. Die anderen sind für ihre Interpunktion zuständig, ich für die meine. Ich strebe diejenige an, die zu den für alle glücklichsten Konsequenzen führt . . .»

Exkurs über das menschliche Bedeutungstier

Schauen wir uns in der Biosphäre um, scheinen wir die einzigen Lebewesen weit und breit zu sein, die sich selbst und den Dingen der Welt eine Bedeutung verleihen. Mit Sicherheit sind wir die einzigen, die an dieser Fähigkeit auch erkranken können. Wenn ein Bär seine Tatze auf die heiße Herdplatte legt, reagiert er darauf genauso mit Schmerz wie wir. Wenn aber ein Mensch aus heiterem Himmel einen Anruf erhält: «Ich verlasse dich!», dann ist sein Schmerz nicht die Folge von überlauten Schallwellen, die über den Telefonhörer sein Trommelfell verletzten. Er reagiert dann auf keinerlei körperliche Beeinträchtigung, sondern er reagiert auf eine Bedeutung, die als solche einzig und allein auf der sprachlichen Ebene ins Leben gerufen wird – was den Schmerz natürlich nicht weniger real macht. Um diesen Schmerz zu empfinden, muß der Mensch erst einmal ein

Zeichen- und Bedeutungssystem verinnerlicht haben, damit drei Worte mit fünfzehn Buchstaben eine solche Schmerzreaktion überhaupt auslösen können. Einen Bären würde der Anruf kalt lassen. Wir Menschen jedoch wissen aus Erfahrung, daß die Heftigkeit eines ‹Schmerzes auf Bedeutungsebene› den Vergleich mit einem Griff auf die heiße Herdplatte nicht zu scheuen braucht.

Um die Möglichkeiten einer Therapie realistisch einzuschätzen, muß man sich darüber klarwerden, daß die therapeutische Intervention nichts von der äußeren Welt abschneidet, ihr nichts anklebt und überhaupt keine physischen Dinge von einem Ort zum anderen bewegt – im Gegensatz etwa zu dem, was ein Chirurg tut. *Veränderungen, die in der Therapie geschehen, geschehen entweder auf der Bedeutungsebene, oder sie geschehen gar nicht.* Wo sie gelingen, können sie allerdings genauso dramatische Konsequenzen für das haben, was dem Klienten in der Welt möglich ist, wie die erfolgreiche Entfernung eines Tumors. Gute Therapeuten sind semantische Ingenieure, die den Klienten dabei beraten, wie er eine fehlgeformte Bedeutungsarchitektur in eine wohlgeformte Bedeutungsarchitektur übersetzen kann. Oft braucht nur ein kleiner Stützbalken in der (neurolinguistischen) Konstruktion eingebaut werden. Er allein kann darüber entscheiden, ob der Klient unter seiner ‹Bedeutungswelt› leidet oder glücklich ist.

Veränderungen auf der Bedeutungebene sind deshalb möglich, weil die unendlich vielen Informationseinheiten, aus denen das Universum besteht, in unendlich vielen Bedeutungskontexten erscheinen und Sinn machen können. Wir können Information gar nicht außerhalb irgendeines Bedeutungskontextes wahrnehmen – soviel steht fest. Nicht festgelegt ist allerdings, welche Information in welchen Bedeutungskontext gehört beziehungsweise nicht gehören darf. Der Versuch, sich über die Angemessenheit von Bedeutungskontexten zu einigen beziehungsweise nicht einigen zu können, ist das Herzstück der Kommunikation unter den menschlichen Bedeutungstieren.

Wer zum Beispiel selbst keinen Kontext für ‹Heiligkeit› besitzt, kann auch die Bedeutung von ‹heiliger Stein› oder ‹heilige Handlung› nicht ermessen – für ihn bedeutet es einfach Aberglaube. Für die Verehrer des heiligen Steins wiederum ist der Kontext ‹Aberglaube› nichts, womit sie irgend etwas anfangen können. Da die Anzahl der Kontextualisierungen für jedes Informationsbit beliebig groß ist, ist auch die Bedeutungsmöglichkeit im Universum beliebig groß.

Ein Hinweis wie dieser wird zwar den akuten Schmerz im Falle eines ‹Ich verlasse dich!›-Anrufs nicht lindern, aber er erleichtert immerhin das Verständnis dessen, wie die Organisation unseres Modells der Welt funktioniert. Dies mag zunächst nur als ein kleiner Unterschied erscheinen – er kann jedoch zum entscheidenden werden, wenn sich dieses Modell in seiner bisherigen Gestalt als Beschränkung erweist. Beschränkungen setzende Bedeutungssysteme sind konstitutiv für versäumtes Glück – sie sind, wörtlich, ‹zum Heulen›. Glückliche Menschen erkennt man übrigens auch daran, daß sie in der Lage sind, über die für sie verbindlichen Bedeutungskontexte zu lachen.

Merke: Die Art und Weise, wie wir das, was an Informationen auf uns einströmt, zu Bedeutungen wie Enttäuschungen oder Hoffnung, Freude oder Glück ordnen, beeinflußt unser Leben ebenso stark wie das, was wir essen und trinken.

Fundamentalistische Interpunktion oder Evolution der Kommaregeln?

Während ich dies schreibe, läuft im Radio ein Schlager, der geradezu als Hymne für dieses Kapitel dienen könnte: «Wege, die durchs Leben führen, tragen nie ein Hinweisschild . . .»

Zugleich ist es eine Anti-Hymne auf alle Fundamentalismen, die uns weismachen wollen, daß der einzig rechte Weg vor uns in Erz gegossen und jede Abweichung davon eine Sünde sei. Der Versuch, eine monolithische Bedeutungsstruktur mit einheitlicher Beschilderung durchzusetzen, hat bislang immer Folterkeller, Kerker und Irrenanstalten produziert, in denen die schmachten mußten, die der reinen Lehre nicht die geforderte Reverenz erweisen wollten. Das Leben selbst schert sich wenig um Ideologien mit (zeitweiligem) Ewigkeitsanspruch und evolviert unverdrossen weiter. Eine Wahrnehmungsebene gebiert die andere, und die Selbstorganisation der Interpunktionen nimmt unaufhaltsam ihren Lauf. Es wird Zeit, anzuerkennen, daß wir schon längst in einer ‹gurufreien Experimentalgesellschaft zur Erlangung höherer Bewußtseinszustände› leben!

Wir können in unserer Interpunktions-Forschung noch eine Ebene höher gehen, wenn wir die Regeln, nach denen die Welt interpunktierbar ist, selbst als erweiterbar betrachten. Die Folge ist, daß wir nicht nur die Ereignisse der Welt frei interpunktieren, sondern auch die Regeln wechseln können, nach denen wir die Ereignisse der Welt interpunktieren. Sind wir auf der logischen Spirale eine Ebene höher gerutscht, gibt es für das oben genannte Beispiel:

«Wenn andere mich für liebenswert oder für nicht liebenswert halten, sagen sie etwas über ihre eigene Interpunktion aus. Wenn ich mich für liebenswert oder für nicht liebenswert halte, sage ich etwas über meine eigene Interpunktion aus. Die anderen sind für ihre Interpunktion zuständig, ich für die meine. Ich strebe diejenige an, die zu den glücklichsten Konsequenzen führt . . .»

noch den Zusatz:

«. . . und ich kann frei entscheiden, wann und wie ich die Interpunktion ‹liebenswert› verwende, wann die Interpunktion ‹nicht liebenswert›, wann eine andere, und nach welchen Regeln ich von der einen Interpunktion zur anderen wechsle.»

Sicher werden solche neurolinguistischen Prozeduren nicht über umständliche Bandwurmsätze gesteuert, denn sie laufen blitzschnell und unbewußt ab. Aber wenn wir Gelegenheit hätten, die Nanosekundenprozesse unserer Innenwelt in Zeitlupe zu betrachten, würde eine enorm feingegliederte, mehrdimensionale Struktur zutage treten, für deren ansatzweise Beschreibung wir eben eine Menge Worte aufwenden müssen.

Ich vermute, daß ein Großteil dessen, was man spirituelle Entwicklung nennt – eine Entwicklung, die mehr umfaßt als die Persönlichkeit –, mit der Fähigkeit zu tun hat, immer komplexere logische Ebenen intern zu bewältigen.

Es beginnt mit dem Übergang von der ersten Ebene, auf der man eine Interpunktion durch eine andere ersetzt, zu der zweiten Ebene, auf der man erkennt, daß Interpunktionen immer willkürlich sind, bis hin zu der dritten Ebene, auf der man die reale Freiheit hat, das Set von Regeln, nach denen man den Strom der Ereignisse immer wieder neu interpunktiert, selbst immer wieder neu zu interpunktieren. Um den mentalen Spagat noch ein klein wenig weiter zu dehnen: Auf der dritten Ebene werden die Spielregeln festgelegt, nach denen die Spielregeln auf der zweiten Ebene verändert werden, nach denen die Interpunktionen auf der ersten Ebene festgelegt werden. Allerdings gelingt uns das selten genug. Und für viele Menschen ist allein die Vorstellung eines Austauschs zweier Interpunktionen auf der ersten Ebene schon ziemlich far out und wird als Zumutung empfunden.

Die Vorstellung, eine Welt mit derart flexiblem, quecksilbrigem Regelwerk zu bewohnen, löst nicht überall einhellige Freude aus. Besonders bei Menschen mit einem dogmatischen Weltbild rührt dies an ein tiefes Unbehagen, an eine existentielle Verunsicherung. Könnte sich dieses Gefühl artikulieren, dann würde seine Mitteilung in etwa lauten: «So etwas kann und darf es doch nicht geben. Ich lasse mir von niemandem an meinen Grundfesten rütteln, denn es sind die einzigen, die ich habe, ob sie nun wahr sind oder nicht. Sie sind natürlich aber wahr, deshalb sind sie ja auch meine Grundfesten. Punkt – Ende der Debatte.»

Im Gegensatz zu einem gemauerten Fundament, auf das man ein Haus baut, sind unsere mentalen Grundfesten außerhalb der eigenen Interpunktion nicht existent. Aber das macht den fundamentalistischen Eifer, mit dem sie gegen vermeintliche Attacken verteidigt werden, nur um so größer.

Der Weise sieht in den ihm fremden Stilen Möglichkeiten, den eigenen Blickwinkel zu erweitern, nicht eine Bedrohung, derer man sich erwehren muß.

Es wäre schon ein Riesenfortschritt für die Menschheit, wenn ein fundamentalistischer Mullah und ein fundamentalistischer Christ sich in aller Offenheit darüber unterhalten könnten, daß ihre jeweilige Art, die Welt zu interpunktieren, letztendlich beliebig ist. Wahrscheinlicher aber ist es, daß sie sagen werden:

«Aber das ist das Wort Gottes!»

«Und was ist mit den anderen, die das anders sehen? Das sind alles Ketzer und Verräter, die Gottes Wort mißachten!»

Da solche Äußerungen mit einer so starken inneren Intensität vorgetragen werden, einer so übermächtigen existentiellen Überzeugung, ist allein der Gedanke, die eigene Interpunktion in Frage zu stellen, etwas, das sich im Rahmen dieser Interpunktion von selbst verbietet. Und ich meine wirklich ‹von selbst›, in dem Sinne, daß ein fundamentalistischer Interpunktionsrahmen seiner eigenen Logik nach das Entstehen konträrer Gedanken verhindern muß, sonst wäre er nicht fundamentalistisch.

Man mag dies für absurd und unerfreulich halten, aber auch bei den Menschen, die sich, weiß Gott, für alles andere als Fundamentalisten halten, ist dennoch ein fester Glaube, ein tiefer Wunsch vorhanden, es möge so etwas wie die alleinseligmachende Interpunktion geben, die über jeden Zweifel und jeden Zweifler erhaben ist. Sicher, das wäre doch irgendwie beruhigend. Das wäre doch irgendwie nett, wenn man wüßte: «Irgendwo steht bestimmt geschrieben, wie sich die Welt zu ordnen hat. Irgend jemand kann mir bestimmt sagen, was richtig und was falsch ist. Irgendwo muß doch eindeutig festgelegt sein, wie ich mein Leben richtig führen muß.»

Und im nächsten Satz sagt so jemand: «Gut, ich hatte viele Macken, aber jetzt, wo ich in Therapie bin, wird es immer besser.»

Mit der ‹immer besser› klingt eine Vorstellung an von ‹immer näher dem Ideal, nämlich dem Besitz der richtigen

Interpunktion». Für viele, Therapeuten wie Klienten, verbirgt sich dahinter die unterschwellige Utopie von ‹durchtherapiert sein› als neuer, weltlicher Erlösungshoffnung. Ein Lebenszustand, bei dem endlich alles stimmt, wenn man das eigene Tun und Lassen, Handeln und Denken abgesegnet weiß von der garantiert richtigen Welt- und Seinsordnung. Dann endlich, so die Vorstellung, kann man sein Glück mit Brief und Siegel schwarz auf weiß nach Hause tragen. Wenn man sich aber die Augen reibt und sich klarmacht, daß es so etwas wie ‹durchtherapiert sein› gar nicht gibt, hat man eine liebgewonnene Illusion weniger. Gleichwohl besitzt man eine gute Ausgangsbasis, um sich in der eigenen Entwicklung mit immer mehr Eleganz an immer komplexere Probleme heranzuwagen. Und man verfügt über eine Perspektive, die der Tiefenschärfe dieser Probleme gerecht wird.

Glück ohne Halt

Wie jede andere Kunst, ob Häkeln, Klavierspielen oder Haare frisieren, so beginnt auch das bewußte Interpunktieren unserer Erfahrung mit einfachen Fingerübungen. Nach einiger Zeit stellt sich so etwas wie eine gewisse Fertigkeit, später vielleicht einmal echte Virtuosität ein. Das eigene Erleben mit neuen Satzzeichen zu versehen ist dann so ähnlich, wie wenn man auf dem Klavier neue Läufe ausprobiert oder für die Haare eine neue Frisur erfindet. Manchmal fragt man sich dabei, ob es wohl auch für das Gehirn neue ‹Frisuren› gibt. Ab einem bestimmten Zeitpunkt verliert das Interpunktieren von Ereignissen und das Differenzieren von logischen Ebenen den trockenen Geschmack einer Grammatikübung. Irgendwo in der Tiefe des seelischen Raums erklingt ein kosmisches Gelächter, weil man die große, wunderbare Maskerade auf dem Kostümball der Erlebnisvielfalt durchschaut. Für eine bestimmte Zeit ist diese Maskerade unumgänglich, sogar nützlich. Aber Nützlichkeit ist auch nur eine Form der Interpunktion. Und ob das, was man hinter der Maske vermutet, der wirkliche Wesenskern ist oder nur eine weitere Maske, die sich wie eine Zwiebelhaut um die nächste legt, ist eine Frage, die man immer wieder stellen kann, von deren Beantwortung aber unser Glück nicht etwa abhängt. Offenbar kommt die Zwiebel mit ihrer Daseinsform bestens klar, genauso wie die Buddhisten, in deren Psychologie der Schlüssel zu einem leidfreien Leben darin liegt, die Nichtexistenz eines stabilen Wesenskerns vorauszusetzen.

An diesem Punkt entsteht womöglich ein Gefühl der Bodenlosigkeit, ein innerer Schwindel, ein Zustand ohne Oben und Unten, ohne festen Halt. Unwillkürlich fragt man sich: Ist es ein Rausch, oder ist es Erleuchtung, und welches Satzzeichen paßt zwischen diese beiden? Die Wahrnehmung, daß man einen Halt vermißt, setzt die Interpunktion voraus, daß man einen Halt benötigt. *Wenn man nicht daran glaubt, daß man einen Halt braucht, vermißt man auch keinen.* Betrachtet man die Erde, für uns Inbegriff des soliden Bodens unter den Füßen, aus kosmischer Distanz, dann dreht sie sich innerhalb des Sonnensystems ‹haltlos› im Kreis. Wie schafft sie das nur? Und was denkt sie sich dabei?

Es könnte sein, daß Sie bei der Lektüre dieses Kapitels auch schon einen Halt vermißt haben, nämlich den konkreten Bezug zum Thema Glück. Welchen Halt braucht man in bezug auf das Thema Glück? Bietet das Glück einen

Halt? Hat, wer Halt gefunden hat, Glück? Das sind, geben wir es zu, ‹haltlose› Themen. Vielleicht sagen Sie jetzt: «Das sind doch alles abstrakte Spitzfindigkeiten! Aber jetzt mal ganz pragmatisch gesehen, es ist doch wichtig, daß . . .» Dann aber tun Sie so, als wenn ‹pragmatisch› und ‹wichtig› keine Interpunktionen wären.

Ein Dilemma erzeugt das nächste — oder hebt es auf, je nachdem, wie man den gegebenen Bedeutungskontext interpunktiert. Man kommt aus diesem Strudel einfach nicht heraus. Das verleitet manche Menschen zu dem Mißverständnis, zu glauben: «Jetzt kann ich ja überhaupt nichts mehr tun.»

Man kann auch ohne den Segen der richtigen Interpunktion etwas tun, und dadurch, daß man es tut, erzeugt man schon wieder eine Interpunktion. Jede Interpunktion erhält ihren Segen dadurch, daß jemand sie vornimmt. Nichts zu tun ist auch eine Art, die Ereignisse zu interpunktieren. Falls dabei das Gefühl entsteht, sich im Kreis zu drehen, nun, das macht die Erde auch. Vielleicht ist es ein Wink des Himmels, daß der ganze Kosmos tanzt, und nur im Tanz kann er bestehen, wie die alte shivaitische Lehre des Hinduismus besagt. Da dieser Strudel nun einmal so ist, wie er ist, und Sie sich darin befinden, solange Sie leben, bleibt die Frage: «Wie möchten Sie sich darin befinden — glücklich oder unglücklich?»

Damit haben wir auch ganz schnell wieder zurück zum Thema gefunden. Jetzt möchte ich Ihnen die Quintessenz meiner Glaubenssätze in puncto Glück mitteilen. Es handelt sich um eine Art Interpunktions-Kōan, und er lautet: *Glück ist ein Grund ohne Boden.*

Wirkung ohne Ursache?

Geht man noch einen Schritt weiter voran ins Glück der Bodenlosigkeit, gerät über kurz oder lang eine unerschütterlich scheinende Grundfeste unseres Weltbilds ins Wanken: das Kausalitätsprinzip, die Einteilung von Vorgängen in Ursache und Wirkung.

Das Ursache-Wirkungs-Prinzip hat in unserem Weltmodell eine große Bedeutung, es ist in der westlichen Zivilisation allgegenwärtig. Unser Verständnis von Natur und Technologie ist genauso damit kodiert wie unser Alltagswissen. Ursache-Wirkungs-Behauptungen sind eben nicht nur in natur- und ingenieurwissenschaftlichen Lehrbüchern anzutreffen, wo sie auch zweifelsfrei hingehören. Sie sind uns über sprachliche Kodierungen so sehr in Fleisch und Blut übergegangen, daß wir sie auch dort unterstellen, wo sie fehl am Platze sind. Der Unterschied zwischen den naturwissenschaftlichen und den umgangssprachlichen Ursache-Wirkungs-Behauptungen ist ebenso einfach wie folgenreich: In der Praxis der Wissenschaft wird ein enormer experimenteller Aufwand getrieben, um einzelne Ursache-Wirkungs-Beziehungen zu analysieren, zu quantifizieren und die daraus gewonnenen Erkenntnisse solide abzusichern. In der Praxis des Alltagsbewußtseins dagegen werden in aller Regel Ursache-Wirkungs-Beziehungen aufgestellt, die auf der Basis eines sehr eingeschränkten Wissens zustande gekommen sind. Eine besonders häufige Form von behaupteten Ursache-Wirkungs-Beziehungen finden wir, wenn Menschen mit anderen Menschen über ihre Probleme sprechen.

Nehmen wir an, wir haben zwei Personen, A und B, die seit vielen Jahren vielfältigen Kontakt miteinander pflegen.

Sie reden miteinander, leben miteinander, verhalten sich zueinander auf verschiedenen Ebenen, mit anderen Worten: sie sind verheiratet. Wenn wir ihre einzelnen Handlungen durchnumerieren, kommt in der Geschichte dieser Ehe eine lange Interaktionskette zustande, die man zum Beispiel schreiben kann als: A_1, B_1, A_2, B_2, A_3, B_3 ... bis A_n, B_n. Dann hätten wir eine schematische Darstellung: Er sagt etwas, sie sagt etwas, er sagt etwas, sie sagt etwas, er macht etwas, sie macht etwas usw.

Was diese beiden Menschen jetzt mit großer Vorliebe tun werden, sollte uns langsam klar sein: Sie fangen an, die obige Interaktionskette in einer bestimmten Weise zu interpunktieren. Sie stellen Behauptungen auf wie: Eine Verständigung über einen bestimmten problematischen Abschnitt in dieser Kette ist nur möglich, wenn man den Anfangspunkt hier und nirgends anders setzt und den Schlußpunkt da und nirgends anders.

Auf unser Beispiel von vorhin bezogen, sagt etwa der Mann: «Weil du keine Lust mehr hast, mit mir zu schlafen, bin ich unzufrieden.» Die Frau macht eine andere Interpunktion und sagt: «Unsinn, weil du unzufrieden bist, habe ich keine Lust mehr, mit dir zu schlafen.»

Wenn man es mit einer langen Prozeßkette von sich wechselseitig bedingenden Interaktionen zu tun hat, dann ist die Frage, wessen Interpunktion die richtige sei, die fruchtloseste aller möglichen Fragen. Eine Interpunktion markiert ein Anfang und ein Ende: das ist die Voraussetzung, um eine Kette in Ausschnitte namens ‹Ursache› und in Ausschnitte namens ‹Wirkung› einzuteilen. Das ist die Voraussetzung, um beispielsweise sagen zu können: «Die Ursache meiner Unzufriedenheit ist deine mangelnde Lust.» *Die Kausalität steht und fällt mit der Interpunktion, die ihr zugrunde gelegt wird*. Der Mann hat die seine gewählt, während die Frau zu einer anderen gelangt – ein idealer Nährboden für Mißverständnisse.

Die Suche nach Ursache-Wirkungs-Beziehungen ist demnach von der Verwirrung über die Einteilung in zulässige und unzulässige Interpunktionen gezeichnet. Auf diese Tatsache stoßen wir allerdings nicht nur, wenn zwei sich streiten, sondern bereits bei der Art und Weise, mit denen wir unser eigenes inneres Erleben zu sortieren trachten. Und selbstverständlich begegnen wir dieser Verwirrung auch im Falle der Interaktionen, die unter dem Vorzeichen der Therapie stattfinden.

Gelegentlich kann diese Verwirrung übrigens auch sehr kreativ sein. Ich erinnere mich an ein Seminar mit Frank Farelly, dem Begründer der Provokativen Therapie. Er hatte uns gerade eine sehr erfolgreiche Intervention mit einer Patientin vorgeführt. Ich war fasziniert, und in meiner Begeisterung ging ich zu ihm hin und sagte: «Frank, übrigens, ich weiß, warum das geklappt hat.»

Frank antwortete: «Das ist interessant, erzähl mal.»

Und schon ging ich in die Falle: «Das funktioniert, weil . . .» – und ich erklärte, daß er das im NLP als Reframing-Modell bekannte Prinzip angewendet hatte und daß dies klipp und klar die Ursache für das Gelingen seiner Intervention war.

«Ja», sagte er, «das stimmt. Und außerdem funktioniert es, weil heute die Sonne in Konjunktion mit dem Mars steht, weil die Frau eine rote Bluse anhat und ihre Tage wahrscheinlich nicht länger als sieben Stunden vorbei sind.»

Da habe ich erst einmal gestutzt, und er nutzte noch den Moment meiner Verblüffung mit der Aufzählung aller möglichen weiteren ‹Gründe›: daß die Frau noch nie verheiratet war, aber trotzdem zwei Kinder hat, daß ihr Großvater aus Irland stammt usw. Die Aufzählung, die er mit ganzem Ernst und der Miene eines Wissenschaftsreporters vortrug, wurde immer länger und länger, und ich dachte: «Was erzählt der denn da jetzt für einen Quatsch?» Eine Weile war ich reichlich durcheinander, bis ich auf einmal kapierte: Die Liste der ‹Gründe›, das ganze Warum-Wieso-Weshalb ließe sich unendlich weiterspinnen, ohne daß man irgendwie Boden unter die Füße bekäme. Das war für mein kausalitätsgebeuteltes Ego, das überall den Grund für alles Mögliche wissen wollte, eine ziemliche Provokation vom Meister der Provokativen Therapie. Aber weil er damit so gnadenlos ins Absurde ging, fing ich irgendwann an, schallend zu lachen, und sagte: «Ja, du hast gewonnen.» Und während ich mich noch ausschüttelte vor Lachen, weil Frank weiter ungerührt die unmöglichsten Gründe aufzählte, wurde mir sogar der Grund meines Lachens klar: Es war jenes grundlose Lachen, das sich spontan einstellt, wenn man merkt, daß man weder zum Lachen noch für sonst etwas wirklich einen Grund braucht, und deshalb um so gründlicher darüber lachen kann.

Diese Geschichte zeigt, warum es in komplexen Rückkopplungssystemen wie zwischenmenschlichen Beziehungen viel schwieriger ist, eindeutige Ursache-Wirkungs-Ketten auszumachen als etwa in physikalischen Systemen. Dort macht es Sinn, zu sagen: «*Weil* der Strom fließt, ist eine Spannung auf dem Transformator. Und *weil* die Stromstärke zu hoch war, ist der Kondensator durchgebrannt.»
Überträgt man dieselbe Kausalitätslogik auf menschliche

Systeme, ist es mit der erwünschten Eindeutigkeit sehr schnell vorbei. Wenn der Ehemann sagt: «Ich bin sauer, *weil* du zu spät kommst», dann kann die Frau sagen: «Aber ich bin schon einmal zu spät gekommen, und da warst du nicht sauer, also kann das doch nicht der *Grund* sein . . .» – «Ja, das stimmt schon, aber . . .», und jetzt werden alle möglichen Randbedingungen herangezogen, in der Hoffnung, dabei irgendwann beim definitiven Grund, bei der wirklichen Ursache des Sauerseins zu landen.

Kommunikationssysteme wie beispielsweise die Ehe liefern laufend schlagende Beweise dafür, daß es nahezu unmöglich ist, konsistente Ursache-Wirkungs-Ketten aufzubauen, ohne sich früher oder später in einem Irrgarten zu verlaufen. Auf diesem Planeten gibt es daraus auf der Ebene des Ursache-Wirkungs-Denkens keinen Ausweg.

Denn daß alle Beteiligten einer sozialen Interaktion zu der einvernehmlichen Erkenntnis kommen: «Ja, genau, jetzt wissen wir den Grund: dies ist die Ursache für diese Wirkung», dies dürfte in etwa so wahrscheinlich sein wie das Zufrieren des Nils. Ist es da nicht realistischer, auf das Denken in Ursache-Wirkungs-Kategorien möglichst zu verzichten?

Das wäre sicher eine interessante Übung – solange man nicht glaubt, mit dem Verzicht auf das Kausalitätsprinzip endlich den *Grund* fürs Glücklichsein gefunden zu haben. Vielleicht erinnern Sie sich: *Glück ist ein . . .*

Übung
. . . Glück ist ein Grund ohne Boden

Der unendliche Strom der Ereignisse ist bodenlos. Wir interpunktieren ihn, um uns darin Halt zu verschaffen. Wo und wie wir ihn interpunktieren, ist beliebig. Trotzdem kommen wir nicht umhin, es zu tun, denn nur so bekommen wir Grund unter die Füße. Der Grund erweist sich als tragfähig, aber er ist auch austauschbar durch andere Interpunktionen, die eine andere Art von Grund erzeugen, der ebenfalls tragfähig, aber ebenfalls austauschbar, also nicht end-gültig ist. Eigentlich sollten wir ständig taumeln und trudeln, tun es aber nicht. Erstaunlicherweise, glücklicherweise, praktischerweise. Das gibt uns die Zuversicht, das Spiel der Interpunktionen weiterzuspielen und dabei ständig auch die Regeln zu verändern, nach denen es gespielt wird – grundlos und absichtsvoll, beherzt und achtsam. Man kann an der sich immer neu verästelnden Komplexität der Wahrnehmung verzweifeln, man kann darin eine kreative Form von Stabilität finden, oder man kann darauf mit einem Lächeln reagieren, als sei dies unser höchstes Glück. Dazu haben wir allen Grund. Das Spiel kennt ebenso viele Gewinner wie Teilnehmer. Sie haben Glück, Sie sind einer davon! Spielregeln und Siegerurkunde haben denselben Wortlaut: *Glück ist ein Grund ohne Boden.*

Verantwortung für das Glück übernehmen

Die menschliche Geschichte läßt sich als ein offenes Experiment betrachten, dessen Ziel es ist, den Strom des Lebens auf immer wieder neue und kreative Weise zu interpunktieren – motiviert von der tief verwurzelten Hoffnung, die Glück bescherenden Zeichensetzungen von jenen unterscheiden zu lernen, die das Glück beschränken.

Im Zeitalter einer globalen Vernetzung der Lebensformen bleibt es einem Erdenbürger erspart, sich mit Informationen, Meinungen und Perspektiven auseinanderzusetzen, die dem eigenen Interpunktionsmuster fremd sind, ja, ihm direkt widersprechen. Jeder Versuch, in den Zeiten des globalen Dorfes dieses Dilemma zu ignorieren, mündet in eine autistische Isolierung. Vielleicht rettet man mit Ach und Krach sein Weltbild, allerdings um den Preis, daß man auf einen regen zwischenmenschlichen Austausch verzichtet. Der Herausforderung unserer Zeit angemessen zu begegnen heißt, unser Set von Interpunktionsmöglichkeiten ständig zu vergrößern – sowohl in der inneren als auch in der äußeren Kommunikation.

Gäbe es eine höhere Stufe, die man als Mensch erreichen kann? Was immer man sich auch im einzelnen darunter vorstellt, es ist selbstverständlich, diese Stufe auch mit dem höchsten der Gefühle und dem nobelsten Seinszustand des Menschen zu verbinden: dem Glück.

Wenn wir eine Stufenleiter der kreativen Selbstentfaltung voraussetzen, auf der das Glück ganz weit oben angesiedelt ist, setzen wir auch voraus, daß manche Qualitäten in unserer Bewertung eine höhere Priorität genießen als andere und daß es eben nicht wurscht ist, was man tut oder läßt. Übernehmen wir also die Verantwortung für die eigenen

Interpunktionsstrategien: Verantwortung für das Erstrebenswerte, Verantwortung für das Glück. Das läßt sich nicht spielen, es läßt sich nur tun. Indem man sich entscheidet, *Verantwortung für das Glück* zu übernehmen, wird das Spiel der Interpunktionen zu mehr als einer schwindelerregenden Karussellfahrt: es wird eine mündige Tat.

Jede Interpunktionsweise ermöglicht bestimmte Dinge, und sie verhindert andere Dinge. Erst dadurch, daß Menschen immer wieder diese Unterscheidungen getroffen und benannt haben, konnten sie aus einem Zustand erwachen, der gleichzeitig paradiesisch und diffus war. Jede neue bewußte Entscheidung zersplittert die Welt ein Stück weiter, bereichert sie gleichzeitig um eine neue Facette. Dies zwingt uns dazu, Entscheidungen zu treffen und auch Fehler zu machen. Jemand hat einmal gesagt, Erwachsensein sei der Zustand, bei dem nicht nur die anderen Fehler machen. Nur über Versuch und Irrtum läßt sich lernen, zwischen verschiedenen Optionen die bessere, die glücksbringende zu wählen. Diese Wahl zu treffen ist ein kreativer Akt, es ist unser Beitrag zur kontinuierlichen Schöpfung der Welt.

Das alles klingt groß und weit, aber es reicht doch in die kleinsten Kapillargefäße unserer alltäglichen Erlebniswelt hinein, wenn unser Alltag nicht völlig blut- und sinnentleert werden soll. Zum Beispiel so weit wie in die Erfindung des Unterschieds zwischen ‹sich liebenswert fühlen› und ‹sich nicht liebenswert fühlen›. Denn auch diese Interpunktion gehört nicht etwa seit dem Big Bang zur Grundausstattung des Universums wie etwa die Wasserstoffatome. Es ist auch nicht so, daß Empfindungen im Supermarkt der Weltgeschichte ausliegen, klar deklariert wie Nahrungsmittel: «Übrigens, damit ihr's wißt: Ich bin das Nicht-liebenswertsein-Gefühl.»

Es ist eher so, daß bestimmte Leute auf die Idee kommen, ein Set von Empfindungen und internen Reaktionen so zu interpunktieren, daß diese in das Kästchen ‹Ich fühle mich geliebt› schubladisiert werden und andere in das Kästchen ‹Ich fühle mich nicht geliebt›. Dies mag nachgerade als Selbstverständlichkeit erscheinen, doch muß man darauf erst einmal kommen! Jede, aber auch jede Wahl hat Auswirkungen auf die menschlichen Beziehungen. Bei der einen verschließt sich ‹etwas›, und bei der anderen öffnet es sich.

Es gab bei uns Zeiten, die in einigen Weltgegenden offenbar immer noch nicht ganz vorüber sind, da wurde ein bestimmtes Erleben so interpunktiert, daß man meinte, dafür jemanden umbringen zu müssen. Es wurden Hexen verbrannt, weil sie die Beziehungen zwischen Natur, Tieren, Pflanzen und Wetter auf eine Art interpunktierten, die für andere Leute völlig unverständlich war.

Das Mittelalter ist längst Geschichte geworden. Nach wie vor sehr lebendig aber ist die Neigung, im Konfliktfall zu Schuldzuweisungen Zuflucht zu nehmen. Dieses Interpunktionsmuster kann nur funktionieren, wenn man eine klare Trennungslinie zieht, bei der auf der einen Seite der schuldige Täter steht und auf der anderen Seite das unschuldige Opfer.

Beherzigt man die Vorannahmen des systemischen Denkens, ist es nicht ohne weiteres möglich, den einen mit dem Bann des Schuldigen zu belegen, während sich der andere die Hände in Unschuld waschen darf. *Opfer und Täter verbindet das Band einer gemeinsamen systemischen Verstrickung.* Im Sinne des Bedürfnisses nach schnurgeraden Linien im sozialen Verkehr mag das ärgerlich sein. Es wird dann nämlich nicht gerade leichter, argumentativ zu begründen, warum jemand bestraft werden muß. Vielleicht möchte man ihn ja aus ganz anderen, unbewußten Gründen gerne bestrafen. Dann muß man an der Interpunktion zwischen ‹schuldig› und ‹unschuldig› so lange drechseln, bis man es anders begründen kann. Deshalb zeigt die Rechtsgeschichte ihre bekannt dramatischen Brüche, denn irgendwann hat jede dieser Drechseleien ausgedient.

Identifikation mit der Improvisation

Unser Identitätsgefühl ist eine überaus konservative Instanz. Sie sorgt dafür, daß es in unserer Erlebniswelt nicht ständig drunter und drüber geht, weil unser Ich-Bewußtsein seinen Zusammenhang und seine Unversehrtheit auch in unterschiedlichen Situationen wahren kann. Sprich: Identität ist ein Hilfsmittel, um sich in beliebigen Umständen selbst wiederzuerkennen und auch für andere wiedererkennbar zu sein.

Um dies sicherzustellen, muß ich mich in einer bestimmten Situation gleich oder ähnlich wie in vorangegangenen Situationen dieser Art verhalten. Indem ein Set von Verhaltensweisen oder Äußerungen wiederholt wird, schleift sich jene vorhersehbare Beständigkeit ein, die man Charakter oder eine stabile Persönlichkeit nennt. Im Sinne eines bestimmten Identitätskonzepts gilt dies als Ausdruck von Stärke und Verläßlichkeit. Die Sache hat aber einen Pferdefuß: Das eigene Verhalten wird vorhersehbar und starr, das Leben bewegt sich in ein und derselben Dimension. Gegen Überraschungen, angenehme oder unangenehme, die die Stabilität erschüttern, gibt es aber keinen absoluten Schutz. Diese unbewußt gespürte Schutzlosigkeit produziert eine Menge Angst, gegen die man sich ebenso abkapselt wie gegen eine mehrdimensionale Erlebniswelt, denn Angst wird ebenfalls als destabilisierend empfunden. Im ungünstigsten Fall erwächst aus dieser Befindlichkeit ein psychischer Koloß mit einer starren, rein äußerlichen Stärke, die innerlich auf tönernen Füßen steht.

Sucht man dafür einen Archetyp aus dem politischen Bereich, so kommt einem die Sowjetunion vor Gorbatschow in den Sinn. Den nicht nur metaphorischen Gegenpol finden wir auf der anderen Erdseite, bei unseren Bekannten aus dem ‹Hotel California›. Bezeichnenderweise wurden dort in letzter Zeit verschiedene Modelle entwikkelt, die das herkömmliche Identitätskonzept unserer Kultur in Frage stellen, beispielsweise das Multi-Mind-Konzept oder das Modell der verschiedenen Teile, wie es von Virginia Satir und im NLP benutzt wird. Ihr gemeinsamer Ausgangspunkt ist, daß es das Ich als solide, kompakte Einheit nicht gibt. Das, was wir Ich nennen, besteht aus einem bunten Strauß einzelner Persönlichkeitsanteile, die durchaus unterschiedliche Bedürfnisse, einen je unterschiedlichen Habitus und unterschiedliche Glaubenssätze haben. Danach wird ein und derselbe Körper von psychischen Teil-Identitäten bewohnt, die die Welt auf unterschiedlichste Weise interpunktieren. Dieses ‹Ich› ist kein monolithischer Block, sondern in ihm geht es dort eher zu wie auf einer multikulturellen Party. Je nachdem, welcher Teil gerade den Ton angibt, entsteht eine bestimmte Wahrnehmung der Welt, die sich unterscheidet von den Wahrnehmungen, Glaubenssätzen und Vorannahmen der anderen Teile bzw. ‹Partygäste›.

Läßt man die Gesamtheit dieser Teile Revue passieren, kann es sein, daß man sich nicht nur schizophren, sondern ‹multiphren› vorkommt: ein ganzes Orchester von Teilen, Wahrnehmungsgewohnheiten, Werten und Glaubenssätzen ist versammelt; einige Instrumente spielen wunderbar zusammen, andere verpassen regelmäßig den Einsatz, wieder andere preschen zur Unzeit mit einem schrägen Solo vor, während manche stumm und teilnahmslos bleiben. Und das arme kleine Ich bemüht sich, schon etwas zappelig geworden, in diesem Kasperltheater den Karajan zu geben und so etwas wie Kohärenz, persönliche Identität aufrechtzuerhalten. Was gar nicht immer leichtfällt, im Hotel California und anderswo.

Was würde passieren, wenn diese Instanz des Ego-Dirigenten insgesamt entbehrlich wäre, wenn man also ein Dasein der frei flottierenden Interpunktionen wählen würde? Ganz einfach. Das käme einer Auflösung der Ich-Identität gleich. Bei vielen Menschen löst diese Vorstellung massive, geradezu existentielle Angstzustände aus. Die spirituellen Weisheitslehren behaupten immer schon, daß eine Ich-Auflösung die Voraussetzung dafür ist, daß wir uns mit allem eins fühlen können. Nur wenn wir etwas Besonderes (Ge-sondertes) sein wollen, müssen wir eine Interpunktion gegenüber allen anderen Identitäten aufrechterhalten. Der Preis dafür ist Einsamkeit. Wenn wir mit allem eins sein wollen, bedürfen wir einfach keiner Interpunktion, die uns gegen alle anderen abgrenzt. Der Preis *dafür* ist, nichts Besonderes zu sein. «Das Höchste, das der Mensch erreichen kann, ist das Gewöhnliche», sagt auch Bert Hellinger. Wer von uns kann sagen, daß er das erreicht hat? Vermutlich niemand.

Und doch können wir uns gegenseitig ermutigen, die Möglichkeiten zu erweitern, mit denen wir unsere Interpunktionszeichen im Strom des Lebens plazieren. Wenn wir zum Beispiel in die Erlebnisposition eines anderen gehen, erweitern wir automatisch unser Modell von der Welt um die Interpunktion dieses anderen.

Was würde passieren, wenn wir in die Erlebnisposition eines Ringelwurms gehen würden, oder mit einer Kastanie eins würden oder mit der Erde? Es ist für uns nur sehr schwer vorstellbar, wie sich das anfühlen würde. Aber ab und zu haben wir doch Momente, kurze, intensive, ehrfurchtgebietende Momente, in denen man einen gefühlsmäßigen Eindruck davon erhält, wie es ist, mit allem Leben in Liebe vereint zu sein. Dann verschwindet für diesen Augenblick unsere spezielle, individuelle Interpunktion von der psychischen Bildfläche. Aber, schwuppdiwupp, es dauert gar nicht lange, und die Normalität ist wiederhergestellt. So bleibt ein Rätsel wie eine göttliche Furche in unserem Bewußtsein zurück.

Wie kommt es, daß dieses unfaßbare, rauschhafte Gefühl, wenn wir es einmal hatten, nicht nachhaltiger wirkt, uns nicht stärker lockt und zieht? Es muß noch ein anderes Gefühl geben, durch das es in Schach gehalten wird. Und das ist die Angst. Die Interpunktionen eines Individuums lassen einen Teil in unserem Orchester entstehen, den wir Ego nennen. Und dieser Teil bekommt mächtig Angst. Zu Recht. Denn beim Erleben des Einsseins mit allem wird ihm im wahrsten Sinne des Wortes der Boden unter den Füßen weggezogen.

Deshalb ist es wichtig, daß man diesen Teil beruhigt und ihm zu verstehen gibt, daß auch er gebraucht wird. Denn für eine konkrete Handlung im Hier und Jetzt sind wir immer wieder auf eine Interpunktion angewiesen, die Anfang und Ende voneinander unterscheiden kann. Das Ego ist in der Lage, diese Grenzen zu ziehen – jederzeit, das heißt jetzt oder später: Hier beginnt etwas, und hier ist etwas zu Ende – demnächst auch dieses Kapitel.

Auf welchem Hintergrund arbeitet diese Funktion? Einer der Vorteile meiner Arbeit als Coach und Trainer besteht darin, daß ich immer wieder mit Menschen zusammenkomme, denen daran gelegen ist, auch ihr Ego für Experimente zu gewinnen, Dinge auszuprobieren, die far, far beyond unserer üblichen Interpunktionsweise sind, außerhalb der logischen Ebenen, auf denen wir uns gewöhnlich tummeln.

Und natürlich ist die Einteilung in logische Ebenen auch nur eine Interpunktion, die es nur in unserem Kopf gibt. Niemand hat je eine logische Ebene zu sehen bekommen, etwa daß wir durch die Landschaft fahren und jemand sagt: «Guck mal, da auf dem Telegraphenmast sitzt ein Habicht. Und nebendran, da sitzt eine logische Ebene.»

Wir erzeugen diese Begriffe, indem wir Ereignisse intern sortieren und dann sagen: Ereignis X gehört noch auf die erste Ebene, aber das Ereignis Y gehört eindeutig auf die zweite. Natürlich können wir auch auf diese Interpunktion verzichten, aber dann verzichten wir darauf, bestimmte Dinge tun zu können. Das ist gelegentlich verwirrend. Aber nur dann, wenn man glaubt, daß es so etwas wie Klarheit gibt. Klarheit ist eine gefährliche Interpunktion. Und eine sehr nützliche gleichzeitig.

So könnte man jetzt noch eine Weile weitermachen. Oder man könnte mit diesem Kapitel, an dessen Anfang, wenn Sie sich erinnern, gesagt wurde, es gehe darum, «wie man die Differenziertheit der eigenen Wahrnehmung erhöht, und was ein Glaubenssatz für eine bessere Organisation der inneren Erfahrung leistet. Denn: Wenn Glauben Glückssache ist, kann Glück auch Glaubenssache sein.» –

Man könnte mit diesem Kapitel also tatsächlich aufhören. Aber zu sagen, «Ich höre auf», ist auch eine Interpunktion. Denn was heißt: ‹Ich höre auf›? – ‹Ich› höre ja nicht etwa auf zu existieren, ich bin weiterhin am Leben, aber ich höre auf, dieses Kapitel zu schreiben. Offiziell vielleicht. Vielleicht höre ich aber gar nicht auf, sondern mache nur eine Pause, und auf der nächsten Seite geht es weiter.

Das setzt voraus, daß ich irgendwann angefangen hätte. Was auch nur eine Interpunktion wäre. Man könnte sagen, das ist eine endlose Geschichte. Aber wer hört schon gern endlose Geschichten? Das ist wie bei einer Jazz-Improvisation: Wann ist sie zu Ende? Und wann hat sie angefangen? *Glück ist ein Grund ohne Boden.* Die Improvisation über die Bodenlosigkeit ist ein sicherer Grund.

Übung
Wie interpunktieren Sie Ihr Glück?

Dies ist eine jener Seiten in diesem Buch, wo Sie sich wieder auf der geistigen Luftmatratze räkeln können, um die Qualität des aktiven Lesens durch die des passiven Lesens zu erweitern und den Stoff auch auf eine andere Weise verarbeiten zu können.

Vielleicht haben Sie sich bereits gefragt: Wie interpunktiere ich selbst eigentlich meine Glückserfahrungen?

Um diese Frage anzugehen, sollten Sie sich so plastisch wie möglich vergegenwärtigen, wie es war, als Sie das Glück auf Ihre besondere Art und Weise wirklich spüren konnten. Ist es ein bestimmtes inneres Bild, das sich jetzt spontan einstellt, eine Szene, die Sie wie einen Panavisionfarbfilm nacherleben? Wenn Sie die Übung ‹Auf der Suche nach dem Glückspunkt› im Kapitel über die Anker des Glücks mitgemacht haben, verfügen Sie bereits über ein Hilfsmittel, um schnell und zuverlässig in diese Glückssituation hineinzukommen. Wie stellen Sie sich dieses glückliche Erlebnis nun in der Erinnerung vor? Gab es bestimmte Farben, ein bestimmtes Licht, das die Szene in einem besondern Glanz erstrahlen ließ? Oder sind es Töne, der Klang einer Stimme, vielleicht noch andere Geräusche, wodurch sich dieser Augenblick als etwas Besonderes hervorhebt? Oder war das Glück mit bestimmten Gerüchen verknüpft? Atmen Sie diesen Moment in seiner Ganzheit ein, so daß er mit allen ihn begleitenden glücklichen Empfindungen jetzt in Ihnen präsent sein kann und Sie ganz und gar erfüllt.

Wenn Sie in dieser Situation des Glücks, an die Sie sich intensiv erinnern, ganz in Ihrer inneren Mitte sind, um alle dazugehörigen Eindrücke noch einmal zu genießen, dann können Sie jetzt einen Schritt aus dieser Erfahrung heraus machen und sich die Situation von außen anschauen. (Für diese Zäsur nehmen Sie die Hand bitte von Ihrem Glücksankerpunkt weg.)

Indem Sie sich dissoziieren (loslösen) und das Bild von außen betrachten, verändert sich möglicherweise Ihr Empfinden, denn jetzt sind Sie nicht mehr Teilnehmer des Erinnerungsfilms, in der Ich-Position, sondern Sie sind ein neutraler, aufmerksamer Zuschauer. Und während Sie sich diese Szene, in der Sie sich als glücklichen Hauptdarsteller sehen, im gegebenen Zusammenhang genau betrachten, können Sie sich fragen: Wann und wo hat dieses glückliche Erlebnis damals für mich begonnen? Was war kurz davor? Wann war dieses Erlebnis für mich zu Ende? Was kam kurz danach? Sie können in der Art und Weise, in der Ihr glückliches Erlebnis von anderen˙ Erlebnissen eingerahmt war, Ihre persönliche Note erkennen, Erfahrungen zu interpunktieren – und Sie können sich dafür loben, es so und nicht anders gemacht zu haben.

Wenn Sie wollen, erlaubt Ihnen die Betrachterposition, in der Sie jetzt sind, sogar noch etwas anderes. Sie können so tun, als hätten Sie die Möglichkeit, die Interpunktion von damals auch anders zu setzen. Gehen Sie den Ablauf der Szene mehrfach durch, vor und zurück, als ob Sie am Schneidetisch einen Videofilm bearbeiten würden. Sie führen Bildregie. Von dieser Position aus dürfen Sie dem Handlungsverlauf einen erweiterten Rahmen geben oder ein neues Komma, einen neuen Gedankenstrich setzen, um jenes Glückserlebnis optimal hervorzuheben.

Sie können die Glücks-Szene des Films auch verlängern, beispielsweise indem Sie die Anfangsmarkierung des glücklichen Moments vorverlegen und sein Ende nach hinten verschieben. Wie würde Ihnen diese Variante in Ihrem Erinnerungsfilm gefallen? Nachdem Sie den glücklichen Moment mit all seiner Intensität auf diese Weise ausgedehnt haben, können Sie die Rolle des betrachtenden Bildregisseurs wieder verlassen und ‹mit Haut und Haaren› wieder in die Hauptdarstellerrolle schlüpfen. Was geschieht, wenn Sie die Erinnerung der erweiterten Interpunktion von innen nacherleben, wenn Sie sich damit voll und ganz assoziieren (verbinden)?

Vielleicht gibt es dafür einen neuen Glückspunkt, den Sie bei sich ankern können, oder Sie legen Ihre Hand wieder auf den alten. Nehmen Sie sich alle Zeit, die Sie brauchen, um sich auf die veränderten Wahrnehmungen und Empfindungen einzustellen. Und wenn Sie sich damit angefreundet haben, daß das Territorium des Glücks, das Sie bereits kennen, sich über seinen angestammten Horizont ausdehnt, so daß auch jene Momente davor und danach berührt werden, für die solche Glückserfahrungen bisher weniger oder gar nicht erschlossen waren, dann haben Sie jetzt bereits eine Erfahrung gemacht, die Ihnen zeigt, was geschieht, wenn Sie die Interpunktion Ihres Glücks selbst in die Hand nehmen. Es mag sein, daß Ihnen das anfangs ungewohnt vorkommt und Sie sich fragen: Geht das? Darf ich das? Und auch das ist sehr wertvoll, denn dann können Sie sicher sein, daß Sie in diesem sensiblen Prozeß immer genau um so viel fortschreiten werden, wie es alle Teile in Ihnen unterstützen.

Vielleicht reizt es Sie, diese Erfahrung mehr als einmal zu machen, und Sie sind neugierig darauf, wie es sein wird, Ihre Erlebnisse in Zukunft daraufhin zu überprüfen, wie sie sich durch eine veränderte Interpunktion selbst verändern können. So, als ob es einen Glücksmuskel gibt, den Sie trainieren können. So, als ob Sie sich durch dieses Training ein Reservoir an glücklichen Empfindungen schaffen können. So, als ob das Glück, welches Sie damals spürten, eins wird mit dem Glück, das Sie jetzt spüren, und daß die einzelnen Glücksmomente, ganz gleich aus welcher Quelle sie entspringen, einen zusammenhängenden Erlebnisfluß bilden. So, als ob dieser Fluß auch all das viele Glück enthält, welches Sie in Zukunft durchströmen wird. Und jedesmal haben Sie die Freiheit, Punkt, Komma, Strich so zu setzen, daß Sie damit Ihrem eigenen Glücksfluß und dem Ihrer Umgebung den bestmöglichen Dienst erweisen.

Und selbst wenn ein Teil von Ihnen dies für wenig wahrscheinlich halten sollte, wissen Sie doch stets: So oder anders können Sie die Welt erfahren, denn wie oft in Ihrem

Leben haben Sie schon die Welt so *und* anders erfahren . . ., und ob ans Ende dieses Satzes nun ein Fragezeichen oder ein Ausrufezeichen kommt, ist eine Entscheidung, die Ihrer Art der Interpunktion überlassen . . .

viel
    Glück
        bleibt

Safari durch das Glücksbewusstsein

Ist Trance ein Als-ob-Glück
oder Glück eine Als-ob-Trance?

Daß die Lektüre eines Buches im stillen Kämmerlein in einen Zustand des vollkommenen Glücks münden kann, ist in unserer hektischen Zeit – jedenfalls für Menschen, die gern lesen – eine beruhigende Gewißheit. Nicht dagegen für Zeitgenossen, die sich unter Glück etwas ganz anderes vorstellen: etwa einen Tanz in wilder Gemeinsamkeit mit anderen, begleitet von lauten Schreien bei Vollmondtrommeln, und jenseits aller Erschöpfung eine Lebendigkeit in den Gliedern, daß sich alle Muskeln ganz von selbst bewegen, als ob die Musik sie mit ihrer Energie aufzöge. Aber egal, wie und wo es sich einstellt – ein Glücksgefühl hat immer etwas Exzellentes, und es ist keineswegs an einen bestimmten Zustand gebunden, sondern immer die exzellente Variante irgendeines Zustandes.

Man kann das eigene Glückspotential mit dieser oder jener Ausdrucksform identifizieren, aber wer kann schon mit Gewißheit sagen, daß er sein Glückspotential auch in der exzellentesten Variante, wirklich zu vollen 100 Prozent, ausnutzt?

Mit Gewißheit läßt sich sagen, daß Sie in diesem Moment ein Buch in der Hand halten, egal, ob Sie den Text aufmerksam Wort für Wort lesen, oder ob Ihre Aufmerksamkeit woanders ist und Ihre Augen dem Text nur pro forma folgen. Falls letzteres der Fall sein sollte, wo befindet sich jetzt der Rest Ihrer Aufmerksamkeit? Wenn Sie genau darauf achten, stellen Sie fest, daß Sie parallel zum Lesen beispielsweise auch immer die Geräusche und die Temperaturveränderungen um Sie herum wahrnehmen. Vielleicht ist ein Teil Ihres Bewußtseins auch schon seit geraumer Zeit damit beschäftigt, weiter und immer weiter fortzureisen, etwa in Ihre persönliche Version des ‹Hotels California›, oder zu einem Vorhaben, das Sie demnächst angehen wollen, oder zu einem angenehmen Moment in Ihrer Vergangenheit. Auch dabei können Sie einen unverwechselbaren Gefühlsausdruck verspüren, der das Klima um Sie herum durchaus nicht verändert, und doch nehmen Sie es jetzt etwas anders wahr. Möglicherweise ist es wie ein Übergang von Regen zu Sonnenschein. Oder ist es der Übergang vom Alltagsbewußtsein in eine Art Trance, eine Veränderung Ihrer *inneren* Meteorologie?

Für viele ist die Lektüre eines guten Buches eine Phantasiereise. Eine Phantasiereise aber ist eigentlich eine Trance mit offenen Augen, bei der diese sowohl nach innen als auch nach außen sehen. Das gibt Ihnen einerseits die Freiheit, dieses Kapitel zu lesen, ohne daß dabei viel mehr als das passiert, was nicht auch beim Durchblättern eines Versandhauskatalogs passieren würde. Oder Sie geben sich den Druckbuchstaben als Ihren persönlichen Trance-Reiseleitern so komplett hin, daß diese Sie auf Safari durch Ihre Innenwelt führen, und mit jedem schwarzen Wort auf weißem Papier geht es tiefer in die farbenprächtige Wildnis.

Wie schaffen Sie es überhaupt, daß Sie spielend von einer äußeren zu einer inneren Wahrnehmung wechseln, beispielsweise vom Lesen zum Tagträumen? Wie erteilen Sie sich die Erlaubnis, jetzt in diesen Trancezustand zu gehen, oder jetzt gerade nicht? Erinnern Sie sich: Auf dieselbe Art und Weise haben Sie es sich schon als Kind gestattet, sind immer wieder auf innere Reisen gegangen, auf Reisen, in denen Sie spielend Glück empfinden konnten. Nur aus dem ganz einfachen Grund, weil es dafür einfach keines Grundes bedarf.

Es stellt sich uns hier doch die Frage: Wo hört die Simulation des ‹Als-ob› auf, und wo fängt das ‹wirkliche› Erleben an? Für Menschen mit planender Tätigkeit ist die Fähigkeit, etwas in ihrer Vorstellung konkret zu simulieren, *ohne* dabei in Trance zu gehen, ein wichtiger und wertvoller Bestandteil ihres psychischen Funktionierens. Für andere Menschen gilt jede im Innern simulierte Situation bereits als untrügliches Indiz dafür, *daß* sie in Trance sind – und genau das genießen sie am meisten.

Carlos Castaneda bescheibt in einem seiner Bücher eine Situation, wo er seinem Lehrer Don Juan erklärt, daß er, als aufgeklärter, rationaler Typ, die schamanischen Trance-Techniken sowieso nicht lernen könne.

Darauf entgegnet Don Juan sinngemäß: «Du hast recht, so ein Typ bist du, und wie will einer wie du Schamane werden? Da gibt es im Grunde keinen Weg. Außer vielleicht mit einer einzigen Übung: Die besteht darin, daß du jetzt drei Tage lang so tust, als seist du ein Schamane. Wir wissen natürlich beide, daß du keiner bist. Wir wissen beide, daß du nicht mal besondere Voraussetzungen hast, jemals einer zu werden – und natürlich wird sich daran nichts ändern, auch wenn du jetzt so tust, als ob du es trotzdem könntest.» Castaneda zögert und gibt zu bedenken, er habe das Problem, daß er so unaufrichtig sei. Eigentlich sei sein ganzes Verhalten von Grund auf verlogen. Don Juan, ein guter Therapeut, greift das natürlich auf und macht sich das Modell der Welt zunutze, das ihm sein Schüler anbietet, um es als Vehikel zu seiner eigenen Transformation einzusetzen: «Wenn dein ganzes Leben sowieso verlogen ist», versetzt er, «was hindert dich daran, dir testweise vorzumachen, du seist ein Schamane?»

Nicht wenige, die Castaneda gelesen haben, sind mit seinen Büchern in der Hand durch das ‹indianisch-schamanische Mexiko› gereist und haben sich dabei lebhaft vorgestellt, all die magischen Schauplätze selbst zu erleben. Manche haben dabei vielleicht auch wirklich besondere Erfahrungen gemacht, haben Orte kennengelernt, die in ihrem Leben dann eine besondere, magische Bedeutung erlangten, Plätze, an denen sich etwas im eigenen Innern getan hat, an denen es für das Gefühl des exzellenten Glücks besonders durchlässig wurde. Vielleicht identifzieren auch Sie dieses Gefühl mit einer bestimmten Erinnerung: mit einem tropischen Strand im Abendlicht oder einem Berggipfel, von dem aus Sie in die Weite der Landschaft schauen. Oder Sie suchen imaginäre Plätze auf, ein vorgestelltes Shangri-La, einen Tempel der goldenen Gelassenheit – oder was auch immer jenes gewisse Etwas des Exzellenten in Ihnen wachruft.

Solche Orte zu lokalisieren ist *eine* Fähigkeit, sie zu imaginieren eine *andere* Fähigkeit: schließlich möchte man auch dann die Segnungen des geglückten Glücks erfahren, wenn man gerade nicht an dem Ort sein kann, der das Exzellente in der Außenwelt verkörpert. Orte, die in der Vorstellung existieren, lassen sich ohne Jet-lag erreichen. Sie können dort Ihre Batterie mit der unerschöpflichen Kraft der Phantasie ganz kostenlos aufladen. Phantasie ist der Zeremonienmeister und der Schlüsselwächter für die Begegnung mit den Schätzen des großen ‹Als-ob›. Probieren Sie es. Am besten, Sie sprechen sich die folgende Übungsanweisung selbst auf Kassette, oder Sie lassen sie sich von einem lieben Menschen vorlesen.

Übung
Der besondere Ort

Der erste Schritt, den imaginären Ort Ihres Glücks sehr real zu erleben, besteht darin, daß man mit der Aufmerksamkeit nach innen geht, sie von der Umgebung, in der man gerade ist, abzieht, indem man beginnt, seinen eigenen, lebendigen Körper zu spüren: ob das Rückgrat gerade ist und ob der Rücken Kontakt mit der Lehne hat. Wenn Sie das spüren, können Sie prüfen, ob Ihr Rücken gleichmäßigen Kontakt hat, und dann können Sie ins Gesäß gehen und so tun, als ob Sie Ihr ganzes Gewicht spüren und sich fragen, ob es gleichmäßig auflastet. Dann nehmen Ihre Füße den Kontakt mit dem Fußboden wahr, und Sie können spüren, wo Ihre Arme aufliegen und wie sie angewinkelt sind. Sie nehmen wahr, wie die Luft durch Ihre Nase einströmt und wie ein Hauch mit jedem Ausatmen an der Oberlippe entlangstreift. Indem Sie ausatmen, entspannen Sie sich. Oder Sie können einfach so tun, als ob Sie sich durch Ausatmen mehr und mehr entspannen. Hat diese Entspannung ein Zentrum?

Vielleicht bemerken Sie schon jetzt einen Ort in Ihrem

Körper, der sich besonders behaglich und angenehm anfühlt. Dieses Gefühl von Behaglichkeit und Entspannung gehört ganz Ihnen. Während Sie die Behaglichkeit in Ihrem Körper genießen, können Sie so tun, als ob sie beginnt, sich auszubreiten. Und während die Behaglichkeit und das Wohlgefühl, ganz bei sich selbst zu sein, sich ausbreitet und vertieft, können Sie daran denken, an welchen Ort Sie gerne reisen möchten: ob an einen bekannten Ort oder an einen Ort in Ihrer Phantasie, den Sie schon seit einiger Zeit kennen. Es könnte sein, daß verschiedene Orte in Frage kommen. Dann wählen Sie einen aus, wissend, daß Sie beim nächsten Mal auch so tun können, als ob Sie einen anderen Ort besuchen. Und diesen Ort, den Sie sich ausgesucht haben, beginnen Sie zu betrachten.

Sie nehmen wahr, was es an diesem Ort zu sehen gibt. Welche Farben sehen Sie? Wie ist das Spiel von Licht und Schatten an diesem Ort? Vielleicht gibt es Details, die Ihnen besonders zusagen, etwa bestimmte Farben oder Reflexe. Um genau zu sehen, können Sie so tun, als ob Sie sich, ohne sich zu bewegen, rundherum drehen, so daß Sie einen Rundum-Blick haben.

Vielleicht mögen Sie diesen Ort besonders, wenn Sie ihn im Überblick sehen oder wenn Sie sich mehr auf die Details konzentrieren, auf die filigranen Feinheiten.

Was mag es an diesem Ort zu hören geben? Welche Geräusche, Stimmen oder Musikstücke können Sie dort hören? Natürlich dürfen Sie zu dieser Komposition noch eigene Geräusche und Klänge hinzufügen. Oder ist es besser, wenn es an diesem Ort ganz still ist, himmlisch ruhig? Dann geben Sie ihm in Ihrer Vorstellung eben diesen Charakter. Und wie riecht es dort? Welcher Duft gefällt Ihnen hier besonders gut? Tun Sie, als ob Sie zu den Düften, die Sie schon riechen, noch andere Nuancen hinzuerfinden könnten, Gerüche und Düfte, die es an diesem Ort noch nie gab und die ihm eine unvergleichlich sinnliche Würze verleihen.

Und vielleicht gibt es sogar einen Geschmack in Ihrem Mund, von dem Sie so tun können, als gehöre er zu einer köstlichen Speise, oder einem edlen Getränk, das Ihnen an jenem Ort kredenzt wird. Und jetzt, wo Sie ganz an diesem besonderen Ort anwesend sind, spüren Sie in Ihren Körper hinein, und dabei können Sie sich erlauben, so zu tun, als ob das, was Sie sehen, hören und riechen, all Ihre Gefühle und Empfindungen im ganzen Organismus verstärkt. Und wenn Sie jetzt in Ihren Körper hineinspüren, mag es eine Stelle in ihm geben, wo das Gefühl besonders angenehm ist. An dieser Stelle können Sie jetzt oder etwas später diesen Zustand durch eine Berührung mit der Hand selbst ankern – Sie wissen ja bereits, wie das geht.

Sie können sich allerdings auch eine kleine Bewegung ausdenken oder eine Berührung an einer anderen Stelle, die Ihnen als besonders geeignet erscheint, um sich diesen Zustand tief einzuprägen. Jedesmal, wenn Sie in der Zukunft diese Bewegung machen werden, weiß Ihr Bewußtsein, weiß Ihr Unbewußtes und weiß Ihr Körper, daß Sie jetzt in diesen Zustand eintreten möchten. Und wenn Sie den Anker gesetzt haben, können Sie ihn nach einer Weile wieder lösen und dann den Anker erneut setzen, um festzustellen, daß durch ihn die innere Resonanz noch intensiver wird.

Während Sie sich mit diesem Zustand vertraut gemacht haben, können Sie sich selbst dazu einladen, sich zu diesem exzellenten Ort auch die passende Farbe einfallen zu lassen. Vielleicht ein goldenes Licht, ein Azurblau wie der Himmel über der Toskana oder irgendeine andere Farbe, die der Qualität dieses Zustands gerecht wird. Und Sie können sich vorstellen, daß dieses Farblicht nicht nur auf Ihre Augen trifft, sondern ihren ganzen Körper umhüllt. Während Sie in diesem Zustand sind, baden Sie in dieser Farbe, sei es als stehendes Licht oder in pulsierenden Wellen. Diese Lichthülle oder Lichtkaskade läßt Ihren Zustand prickelnd intensiv werden. Als nächstes können Sie so tun, als ob dieses besondere Licht auch aus Ihren Augen strahlt, so daß alle Menschen und Tiere, auf die Ihr Blick fällt, in diesem Licht gebadet werden. Wenn Sie sprechen, dann kommt dieses Licht mit jedem Wort aus Ihrem Mund, denn Sie hören und empfangen es aus dem unerschöpflichen Vorrat Ihres inneren Zustands. Und wenn Sie etwas berühren, dann können Sie so tun, als ob dieses Licht direkt aus Ihren Händen strömt, und es hüllt auch die Objekte, die Sie berühren, in farbiges Licht. Dieses Licht funkelt und strahlt mit beinahe überirdischer Brillanz und Deutlichkeit, wie die Diamanten eines Märchens aus Tausendundeiner Nacht.

Vielleicht kommt Ihnen ein Mensch in den Sinn, dem Sie von dieser Energie gerne etwas abgeben möchten. Dann können Sie jetzt an diese Person denken und sie im Innern ansehen und ihr vielleicht sagen, was Sie ihr schon seit langer Zeit sagen wollten. Und vielleicht ist es sinnvoll, daß Sie so tun, als ob Sie die Person auf eine bestimmte Art berühren, und das machen Sie nicht aus Berechnung, oder weil Sie damit etwas erreichen möchten, sondern weil Sie es einfach lieben, etwas zu geben, was Sie selbst im Überfluß haben. Dann verabschieden Sie sich wieder von dieser Person, und es betreten entweder noch andere Personen Ihre innere Bühne, oder Sie zentrieren sich wieder in sich selbst.

Vielleicht hat er Ort sich in der Zwischenzeit ein bißchen verändert, vielleicht ist er noch genau wie vorher. Was können Sie jetzt beobachten? Was können Sie hören und sehen, riechen und schmecken? Und weil Sie wissen, daß Sie hier Ihre inneren Batterien mit einer Kraft aufladen können, die unerschöpflich ist, können Sie an diesen Ort mit Hilfe Ihres Ankers und Ihrer Vorstellungskraft jederzeit zurückkehren. Selbst wenn Ihnen das nicht immer auf Anhieb gelingt, können Sie doch jederzeit so tun, als ob – und da Sie das wissen, können Sie jetzt in Ihrem eigenen Tempo in die Gegenwart zurückkommen, in der Sie die ganze Zeit immer waren.

Sehnsucht nach dem Glück, das man kennt

Die Boutiqueverkäuferin, deren Traum vom Glück darin besteht, daß ein schicker Prinz im weißen Cabriolet vorfährt, sie auf sein Schloß an der Côte d'Azur einlädt und binnen drei Wochen heiratet, ist eine ‹hoffnungslose Romantikerin›. Dieser Spezies wird nachgesagt, sie plane unbewußt eine unüberbrückbare Distanz zum Objekt ihrer Sehnsucht ein, so daß ihr die reale Begegnung damit auf jeden Fall erspart bleibt. So erfährt sie allerdings auch nie, ob das ersehnte Ziel für sie tatsächlich eine Erfüllung oder vielleicht eine Enttäuschung bedeuten würde. Statt dessen richtet sie sich in einem Zustand der nebulösen Schwärmerei ein, wobei sorgsam darauf geachtet wird, daß keine reale Konfrontation mit dem Glück die eigene *Sucht nach dem Sehnen* stört. Mit anderen Worten: Nichts bringt einen Romantiker mehr durcheinander als die Wirklichkeit dessen, was er ersehnt. Seine hoffnungslose Sehnsucht, die nichts anderes als die Illusion will, ist aber nur die eine Seite der Medaille. Auf der anderen Seite hat jede Sehnsucht einen geradezu erschütternd realen Aspekt: *Man kann sich nur nach etwas sehnen, das man kennt.* Ohne eine – wie auch immer beschaffene – äußere Realität der inneren Formulierung des Ziels der Sehnsucht kann es diese gar nicht geben. Denn wüßten wir sonst, wonach wir uns sehnen sollten? Sehnsucht ist immer auch Erinnerung, die Erinnerung an ein Paradies, das man seit langer Zeit verloren glaubt, aber nie ganz vergessen hat.

So gesehen, liegt in jeder Sehnsucht etwas Tröstliches, weil man sicher sein kann, daß man das, wonach man sich sehnt, schon ‹hat›. Auch im Leben der Boutiqueverkäuferin gibt es irgendeinen Bezugspunkt für die Erfahrung jenes Glücks, das sie in ihrem Cabrio-Prinzen sehnlich sucht. Ohne diesen Bezugspunkt wäre sie gar nicht in der Lage, genau dieses Sehnsuchtsbild aufzubauen und in ein romantisches Traumreich zu projizieren. *Sehnsucht ist die Projektion einer Ressource, von der man vergessen hat, daß man sie besitzt.*

Vielleicht hat die Boutiqueverkäuferin auf diese Weise darüber noch nicht nachgedacht, aber sobald sie es tut, taucht die Frage auf: Wenn ich diese Ressource schon in mir habe – wie sieht der kürzeste und schnellste Weg aus, um sie mir wieder anzueignen – jetzt oder später?

Wer es gelernt hat, die oben beschriebene Technik anzuwenden, für den besteht der kürzeste Weg darin, die Augen zu schließen und in eine Trance zu gehen, um ohne eigenes Zutun ganz einfach das Unbewußte nach der Ressource suchen zu lassen. Andere denken systematisch, Punkt für Punkt, darüber nach. Wieder andere sagen: «Am besten, ich tue gar nichts und warte, bis es mir im Lauf des

Tages einfällt – wie ein Name, der mir auf der Zunge liegt, den ich aber momentan gerade nicht abrufen kann.»

Das heißt, verschiedene Menschen haben verschiedene Möglichkeiten, um vergessene Ressourcen zu reaktivieren. Einige zweifeln auch daran, daß sie wirklich über diese vergessenen Ressourcen verfügen – wahrscheinlich werden sie dann auch nichts finden. Erleuchtete Zweifler setzen dagegen ihre Zweifel ein, um sicherzustellen, daß das Suchprogramm auch wirklich fehlerfrei funktioniert. Wieder ein anderer Typ, statt lange darüber nachzudenken, ob er die Ressource nun hat oder nicht, tut einfach so, als ob er sicher sein könnte, daß er sie hat. Diese Vorannahme macht es übrigens sehr viel leichter, sie zu finden! Denn häufig verstecken sich alte Glücksressourcen in der Verkleidung einer alten Bedeutung, die für Sie früher einmal gültig war, aber inzwischen ausgedient hat. Das Wiederentdecken solcher Ressourcen bedeutet dann, sie des Bedeutungskostüms von vor vielen Jahren zu entkleiden.

Möglicherweise hat Sie diese Glücksressource schon Jahre oder Jahrzehnte inkognito begleitet, weil sie in eine Bedeutung gehüllt war, die es Ihnen bisher nicht ermöglicht hat, sie als die Ressource zu erkennen, die sie eigentlich ist. Dann besteht Ihr Beitrag zur inneren Weisheit darin, der Ressource die Ehre zu erweisen, egal ob sie in der Königsgala daherkommt oder im Clochardkittel.

All diese ‹Kleidungsstücke› sind Bedeutungskontexte, die irgendwann einmal um ein Ereignis gehängt wurden. Aus allen Kleidern wächst man irgendwann heraus. Doch so oft man sie auch wechselt – der Mensch darunter ist weder König noch Bettler, weder arm noch reich, weder wichtig noch unwichtig – dieser Mensch sind Sie selbst.

Wann ist der Mensch *nicht* in Trance?

Milton Erickson, der geniale Begründer der modernen Hypnotherapie, wurde einmal gefragt: «Wie kommt es, daß bei Ihnen auch die Leute in Trance gehen, die bei allen anderen als ‹schwer hypnotisierbar› gelten?»

Miltons Antwort war: «Weil ich selber in Trance bin.» Natürlich war er nicht so tief in Trance, daß er keine vernünftigen Sätze mehr hervorbringen konnte, aber doch tief genug, daß der Klient auf der unbewußten Rapport-Ebene von Milton Erickson die Botschaft erhielt: «In Trance zu gehen ist gar nicht schwer, denn das ist etwas, wo ich ja schon lange war, und ein Teil in dir spürt: Genau so soll es sein.»

Es könnte Ihnen aufgefallen sein, daß der Begriff ‹Trance›, ausgesprochen oder unausgesprochen, schon eine ganze Weile – und das ohne förmliche Einführung! – im Raum steht. Das darf ruhig so sein, denn man geht nicht dadurch in Trance, daß man weiß, was Trance ist.

Unser Nervensystem weiß schon lange, was damit gemeint ist, und es wüßte es auch, wenn es dafür keinen Namen gäbe. Jeder von uns geht mehr als einmal im Laufe jedes Tages in Trance. Manchmal absichtlich, manchmal unabsichtlich, manchmal in passenden Kontexten und manchmal in ziemlich unpassenden.

Für viele ist der Auslöser einer Trance etwas so Einfaches wie der Klang einer Stimme. Sie kennen sicher Menschen, deren Stimme diese eigentümliche Klangcharakteristik hat. Ihr Unbewußtes reagiert sofort darauf, indem es einen speziellen Zustand hervorbringt, der an dieses Klangbild geankert ist. Und ganz leicht – unbewußt, automatisch – wechseln Sie in einen anderen Zustand. Das geschieht völlig

Das Quadrat der Bewußtseinszustände

	KONZENTRATION hoch → niedrig			
hoch	Somnambuler Trancezustand Tieftrance, z.B. automatisches Schreiben, Schmerzunempfindlichkeit	Mittlere Trancetiefe. Die Umwelt wird nur zum Teil wahrgenommen. Starke Konzentration auf das innere Erleben	Konzentriertes Handeln, z.B. beim Schreiben	Konzentrierte Wachheit, z.B. beim Sport oder Videospiel (tranceartig)
	Mittlere Trancetiefe, bei der die Umwelt nicht mehr wahrgenommmen wird	Leichte Trance, z.B. automatisch-unbewußte Bewegungen	Normale Konzentration bei alltäglichen Arbeiten, die nicht routinemäßig gemacht werden können	Normale Konzentration bei ungewohnten Tätigkeiten
	Leichte Trance, z.B. beim Nacherleben einer emotional starken Erinnerung	Kurze Alltagstrance, z.B. beim Autofahren: man denkt mit offenen Augen an etwas anderes und nimmt die Autobahn nicht bewußt wahr	Konzentriertes Alltagsbewußtsein, z.B. beim handwerklichen Arbeiten	Häufig wechselnder Aufmerksamkeitsfokus in der Umgebung, z.B. beim Einkaufsbummel
niedrig	Tagträumen ohne spezielles Thema	Kurzes, meist unbewußtes Nach-innen-Gehen	Unkonzentriertes Alltagsbewußtsein	Unkonzentriertes Handeln, z.B. Spazierengehen und sich die Gegend ansehen

innen   AUFMERKSAMKEITSRICHTUNG   außen

«Die Trance ist ein Zustand, bei dem eine Reduktion des Aufmerksamkeitsfokus des Patienten auf einige wenige innere Realitäten erfolgt; das Bewußtsein fixiert und konzentriert sich auf einen relativ eingeengten Aufmerksamkeitsrahmen, anstatt über ein breites Gebiet verstreut zu werden.» Erickson, Rossi unabhängig davon, *was* dieser Mensch sagt und ob er überhaupt Ihre Sprache spricht.

Falls Sie einen solchen Menschen in Ihrer Nähe wissen, bitten Sie ihn doch um einen kleinen Gefallen: Bitten Sie ihn, Ihnen dieses Kapitel vorzulesen, so daß Sie sich ganz aufs passive Zuhören konzentrieren können. Und falls so ein Mensch nicht in der Nähe ist, dann tun Sie wenigstens so, als ob Sie seine angenehme Stimme hören, wenn Sie diesen Text lesen.

Der eingangs zitierte Milton Erickson hat viel dazu beigetragen, daß wir Trance als ein Alltagsphänomen erkannt und es therapeutisch zu nutzen gelernt haben. Jenseits allen Bühnenzaubers der Show-Hypnotiseure ging es ihm allein um die subtilen, in ihrer Wirkung aber nicht minder dramatischen Trancen, die sich beispielsweise auch einstellen, wenn man sich ganz genau überlegt: «Wann bin ich eigentlich *nicht* in Trance?» Diese Frage zu beantworten erfordert, rasch vom einen Zustand in den anderen zu wechseln, *um überhaupt entscheiden zu können, wo die Grenze zwischen Trance und Nicht-Trance verläuft.* Die wenigsten Menschen unseres Kulturkreises besitzen in diesem Bereich ein klares Differenzierungsvermögen.

Viele um uns würden Stein und Bein schwören, daß sie nicht in Trance sind, obwohl sie gar nicht merken, daß sie ihren Körper schon seit einer halben Stunde keinen Millimeter mehr bewegt haben – was nur in Trance komfortabel ist. Sie sitzen da wie eine Statue, aber wenn man sie fragt: «Warst du in Trance?», dann bleiben sie eisern: «I wo – Trance? Ich doch nicht, kein bißchen!», und bleiben gleich noch mal eine halbe Stunde so sitzen.

Das hat häufig damit zu tun, daß Trance für viele gleichbedeutend ist mit ‹weg sein›. Ergo sagen sie sich: «Erst wenn mein Bewußtsein überhaupt nicht mehr da ist, bin ich wirklich in Trance.» Das Dilemma mit der Definition ‹Trance ist der Gegenpol zu Bewußtsein› ist, daß man dann eigentlich nie wissen kann, ob man in Trance ist. Denn in dem Moment, in dem die Trance beginnt, wäre das Bewußtsein geschwunden, und in dem Moment, wo es wiederkehrt, wäre die Trance vorüber. Folglich behaupten viele Menschen steif und fest, sie hätten nie eine Trance erlebt. Damit meinen sie eigentlich, daß es so etwas wie Trance gar nicht gibt.

Gerade weil die Lage so vertrackt ist, kann allein die unschuldige Frage «Wann bin ich eigentlich *nicht* in Trance?» schon Trance-induzierend sein. Denn sie läßt sich nur beantworten, wenn man kurzfristig, testweise, in jenen Raum jenseits von Raum und Zeit geht, an jenen Ort, in dem das Bewußte und das Unbewußte, das Bemerkte und das Unbemerkte auf eine Art und Weise miteinander verschmelzen, wie es außerhalb dieses Ortes und dieses Zustandes nicht möglich ist. Das ist im Grunde etwas sehr Verlockendes, für manche allerdings auch etwas sehr Beängstigendes, weil sie das Gefühl bekommen: An diesem Ort habe ich nicht mehr die gleiche Kontrolle wie sonst.

Das stimmt sogar – aber: *Nicht mehr die gleiche Kontrolle heißt nicht, gar keine Kontrolle.* Manche Leute glauben, Kontrolle bedeutet, daß ihr rationales Ich in jedem Moment weiß, was es tut und was es nicht tut, warum es etwas tut, oder warum es etwas nicht tut. Damit verbindet sich die Vorstellung, daß ein Verhalten oder ein gesprochener Satz, eigentlich jeder psychische und neurologische Vorgang, erst dann die Schwelle zur Welt überschreiten darf, wenn das wache, allein nach Verstandeskriterien entscheidende Ich vorher sein Einverständnis gegeben hat.

In Trance machen wir jedoch die Erfahrung, daß Dinge passieren, die uns überraschen, die wir vielleicht so nicht geplant haben, oder daß sie uns an Pläne auf einer anderen Ebene unseres Seins erinnern, die wir schon lange für vergessen und abgeschoben hielten. Plötzlich werden in unserem inneren Erleben Zusammenhänge geknüpft, die uns bisher verborgen gewesen sind, und wir erhalten Zugang zu Gefühlen, von denen wir nicht einmal wußten, daß sie in uns existieren.

All diese Erlebnisse sind jedoch *unsere* Erlebnisse. Sie haben die ganze Zeit in uns gelebt wie Niere, Milz und Leber. In einer Trance, sei sie durch Hypnose oder andere Mittel induziert, entsteht deshalb eigentlich nichts Neues an sich – nur eben neue Verbindungen zwischen den tiefen Schichten unseres Erlebens und unserem Bewußtsein. Bisher kannte man auf seiner inneren Landkarte nur einen einzigen Kontinent, er war das einzige Territorium, auf dem man sich bewegte. In der Trance erkundet man das angrenzende Meer, und vielleicht entdeckt man nach einer Seereise die Ufer eines anderen Kontinents. Hat man die Fahrt erst einmal gemacht, fällt es zunehmend leichter, sich die Route für die Zukunft einzuprägen, und bald ist man auf mehreren Kontinenten heimisch. Je mehr das Bewußtsein mit den vielen, vielen Schichten, Dimensionen, Meeren und Kontinenten des unbewußten Erlebens in Kontakt kommt, desto eher sind wir in der Lage zu erkennen, wer wir sind. Dadurch, daß wir im kontrollierten Zustand bestimmte Aspekte unseres Selbst ausklammern, indem wir so tun, als gäbe es sie gar nicht, sind sie noch lange nicht verschwunden. Sie sind jederzeit vollzählig in uns versammelt, wenn auch hinter einer Art Sichtblende verborgen. Das ist aus Gründen der pragmatischen Organisation der Psyche auch durchaus sinnvoll, aber manchmal ist es eben auch schade, wenn das vernunftzentrierte Bewußtsein sich umschaut und verwundert fragt: «Wo sind sie denn eigentlich, meine glücklichen Momente?» – und dabei den Wald vor lauter Bäumen nicht sieht.

In ernstzunehmenden esoterischen Schulen wird Wert darauf gelegt, den sogenannten Schattenanteil der Seele zu integrieren, jene zugedeckten Rätsel und Ungereimtheiten unseres Innern, die wir nicht gerne anschauen.

Jeder von uns mag es natürlich, wenn er an sich selbst liebevolle, ehrbare und glückliche Aspekte entdeckt. Wenn er aber in sich Haß, Neid, Mißgunst, Lüge, Verrat, Betrug und Rachsucht entdeckt, macht er die Tür schnell wieder zu und sagt: «Das bin nicht ich – das sind andere!» Doch, doch – das sind wir auch. Und diese Aspekte von uns selbst verlieren viel von ihrem Schrecken, wenn wir sie einfach an die große Tafel einladen, an der alle Teile essen, die es in uns gibt.

Stellen Sie sich vor, Sie sind der König in einem Palast. Einige hochgestellte Persönlichkeiten nehmen an Ihrer Tafel Platz, die anderen müssen in der Küche mit den Dienstboten essen, während man die ganz Armen draußen vor dem Tor in den Abfällen stöbern läßt. All das sind Teile von Ihnen selbst!

Dabei kann es ein großes Fest geben, ein Fest, in dem alle in den Thronsaal gebeten werden, die bisher im Kerker saßen, die außerhalb der Stadtmauern, in dunklen Verliesen und in Abstellkammern ein unwürdiges Dasein fristen mußten. Und jeder dieser Teile meiner selbst wird zu diesem Fest Geschenke mitbringen, die einen Teil meines inneren Reichtums ausmachen. Einiges davon wird nicht wie ein Geschenk aussehen, es mag in einer Verpackung überreicht werden, die ich nicht so gerne entgegennehme. Aber wir kennen ja die Märchen, in denen sich gerade die unscheinbaren, ja problematischen Geschenke letztlich als viel wertvoller erweisen als all der glänzende Tand und Plunder, von dem man sich schon allzuoft hat blenden lassen . . .

Wir sprachen davon, daß Erfolg und Qualität einer Trance ganz wesentlich vom Klang einer Stimme abhängt. Aber erst, wenn zum richtigen Klang noch der richtige Sprachgebrauch kommt, wird es wirklich spannend. Milton Erickson hat sehr genau untersucht, welche Sprachmuster und welche Art und Weise der Formulierung den Tranceprozeß besonders fördern. Eine seiner Forderungen an einen gelungenen ‹Hypno-Talk› lautet: Die Sprache soll ‹auf kunstvolle Weise vage› sein. Allzu konkrete Vorgaben beschränken die Bandbreite der geistigen Bilder, und sie machen mißtrauisch gegenüber Manipulation. Kunstvoll vage zu sprechen ist aber nicht mit einem Freibrief für schwammigen und beliebigen Ausdruck zu verwechseln. Es heißt, die Worte so zu wählen, daß sie den inneren Assoziationsprozeß des anderen zum Tragen bringen, daß sie ihn leiten, ohne ihn jetzt einzuschränken oder gar zu erdrücken. Hypno-Talk verzichtet nicht auf eine Richtung der Kommunikation – diese wird definiert durch das bewußt gewählte therapeutische Ziel –, doch wird das Ziel nur erreicht, wenn der Angesprochene seine *eigenen* Assoziationen, Erinnerungen, Gefühle, Hoffnungen, Wünsche, Gedanken entdecken und entfalten kann.

Die Trance ist eine der engsten Verwandten der menschlichen Kreativität. Hier wie dort geht es darum, Dinge, Bilder, Eindrücke und Erfahrungen miteinander zu verknüpfen, die bisher getrennt voneinander existierten. Sowohl für die Trance als auch für die gelungene Kreativität ist eine überraschende Synthese erforderlich – die Fähigkeit, Ähnlichkeit und Gleichheit in Verschiedenem zu erkennen und umgekehrt Verschiedenheiten dort zu sehen, wo bisher undifferenzierte Gleichheit wahrgenommen wurde.

Dieser Prozeß hilft uns, neue innere Wege zu entdecken, und, indem wir sie beschreiten, bisher getrennte Ressourcen zusammenzubringen. Ebenso hilft es, unzulässig miteinander Vermengtes voneinander zu trennen und in seinem eigenständigen Wert zu erkennen.

Die Kunst im Sprachgebrauch eines guten Trance-Reiseleiters besteht darin, die nicht selten überraschenden Phänomene einer Hypnose auch alltagskompatibel zu gestalten. Das heißt, wir müssen sie in Beziehung zu dem Trancespektrum setzen können, durch das wir im Laufe des Tages sowieso mehrmals gehen. Ja, das tun wir. Oder etwa nicht? Und wenn Sie wirklich meinen, daß Sie nicht in Trance sind – wie können Sie sicher sein, daß Sie auch für den Rest dieses Tages nicht in Trance gehen werden?

Semantische Reaktion

Ist man über einen längeren Zeitraum Sätzen aus dem Trance-nahen Bereich ausgesetzt, dann wird es immer schwieriger, alle Implikationen dieser Sätze bewußt zu überwachen und ihre Wirkung auf die Psyche zu kontrollieren. Hier spielt etwas sehr Wesentliches eine Rolle, für das der Philosoph und Sprachwissenschaftler Korzybski den Ausdruck der ‹semantischen Reaktion› geprägt hat.

Damit ist zunächst etwas höchst Einfaches gemeint: Wenn Sie ein Wort lesen wie ‹Sonne›, dann werden Sie sich irgendwie eine Sonne vorstellen. Einige denken vielleicht zusätzlich an Wärme oder an Sommer oder an Urlaub oder ans In-der-Sonne-Liegen und sich brutzeln lassen. Auch bei den Wörtern ‹Schlamm›, ‹Quietschen› oder ‹Espresso› werden innere Bilder, Körpergefühle, Geschmackseindrücke, Assoziationen erzeugt. Ein einziges Wort bewirkt blitzschnell ein bildhaftes, akustisches oder gefühlsmäßiges inneres Erleben – eben eine ‹semantische Reaktion›. Das Bestechende daran ist, daß diese semantische Reaktion automatisch erfolgt, das heißt, wir können sie so lange nicht in uns abstellen, wie wir in dieser Sprache denken und assoziieren. Für jemanden, der die deutsche Sprache beherrscht, ist es also unmöglich, beim Hören oder Lesen des Wortes ‹Sonne› kein internes Bedeutungserlebnis ‹Sonne› zu haben. Wir können zwar alles Mögliche, aber wir können das Wort ‹Sonne› nicht *nicht* verstehen – wir sind zur semantischen Reaktion verdammt. Genau hier liegt der Schlüssel zur Wirkungsweise hypnotischer Sprachmuster. Daß bestimmte Worte und Sätze, kunstvoll vage aneinandergereiht, eine tiefe Trance auslösen können, läßt sich nur über das Phänomen der semantischen Reaktion begreifen.

Die Hypnotherapie macht sich diesen Prozeß zunutze, indem mit Worten, Begriffen und Assoziationen im Zuhörer ein multisensorisches Gesamterlebnis erzeugt wird, das vielfach ineinander geschachtelten semantischen Reaktionen entspricht.

Der große Mythos, der sich um das Thema Trance und Hypnose rankt, die schaudererregende Vorstellung, daß ein Hypnotiseur mit stechendem Blick magische Kontrollfähigkeiten hat, die es ihm erlauben, in das Wesen seines Gegenübers einzudringen, ihn zu seinem willenlosen Werkzeug zu machen – dieser Mythos besitzt zwar einen gewissen, nicht zuletzt erotisch aufgeladenen Reiz. Im Lichte der Vorgänge, die den Namen Trance oder Hypnose wirklich verdienen, kann man aber nur sagen: Thema verfehlt.

Mit Milton Erickson gelangte in die Hypnoseforschung ein völlig anderes Verständnis von Hypnose. Es besagt, daß jede Hypnose im Kern Selbsthypnose ist. Anders gesagt: Was wirkt, ist nicht die Suggestion des Hypnotiseurs, sondern das, was der Klient aus der Suggestion innerlich macht – nämlich durch seine semantische Reaktion, die eine Leistung des Angesprochenen ist, nicht des Hypnotiseurs. Kein Satz ist an sich ‹hypnotisch suggestiv›, und es gibt auch kein Rezept im Sinne von «Man nehme fünf magische Worte, rühre sie bei Mondschein zusammen, und werfe sie dann in den Kopf des anderen wie ein Geldstück in die Musikbox. Dann wird er durch die Macht der Beschwörung in eine tiefe, tiefe Trance gehen, ob er will oder nicht.»

Milton Erickson war der erste, der in vielen Jahren seiner Tätigkeit als Arzt Trance und Hypnose auf eine ganz andere Art und Weise systematisch untersucht hat. Er fragte sich: Wie sehen die Bedingungen aus, die Menschen dazu bringen, in Trance zu gehen? Was muß ein Hypnotiseur an Verhaltensflexibilität haben, um zu erkennen, was der andere braucht, damit er in Trance geht? Wie läßt sich jener Tiefegrad der Trance erreichen, der für das therapeutische Ziel angemessen ist?

Er hat dabei eine Vielzahl von Sprachmustern erforscht, die von den Begründern des NLP, Richard Bandler und

John Grinder, aus Mitschriften von Milton Ericksons Induktionen weiter systematisiert wurden.

Sie fanden unter anderem heraus, daß die Wirksamkeit der Trance-Induktionen auf einer ‹permissiven Sprechweise› beruht, einer Art und Weise, mit dem Klienten zu reden, die es ihm erlaubt, bestimmte innere semantische Reaktionen zu haben, oder auch nicht. Das ist der Grund, warum hypnotische Formulierungen häufig zwei-, drei-, vier-, oder noch vieldeutiger sind. Während das Unbewußte die Freiheit und die Erlaubnis hat, aus dem Bouquet der Mehrdeutigkeiten das Passende auszuwählen, kommt die linke Gehirnhälfte, also das rationale Sprachzentrum, mit seinem Anspruch, all diese Mehrdeutigkeiten kritisch zu analysieren, längst nicht mehr nach. Weil dieses Zentrum auf Eindeutigkeit aus ist, auf Klarheit und Durchschaubarkeit, möchte es wissen: «Was meint er denn nun?» Und während der Chef im Sprachzentrum noch reichlich verwirrt über die Bedeutung des eben Gesagten rätselt, sind die anderen Bedeutungen längst an ihm vorbei ins Unbewußte geschlichen, um dort sehr wohl verstanden zu werden. Denn das Unbewußte, so jedenfalls die Theorie von Erickson, hört all die anderen Bedeutungen mit *und reagiert direkt auf sie.*

Also sorgt man dafür, daß jeder weitere Satz das Wohlbehagen des Hörers vertieft, indem mehrere Dinge hintereinander gesagt werden, die alle eine Form von Zustimmung hervorrufen, zum Beispiel Sätze wie:

. . . und vielleicht haben Sie schon bemerkt, daß mittlerweile Ihr Atemrhythmus ruhiger geworden ist, und sich ein angenehmes, warmes, wohliges Gefühl in Ihrem Körper ausgebreitet hat. Und dieser Prozeß tiefer Entspannung, der die Voraussetzung für eine

neue Form des ganzheitlichen Lernens ist, kann mit jedem Satz, den Sie bewußt oder unbewußt aufnehmen, weitergehen.

Manchmal, besonders wenn der Satz aus vielen Teilsätzen besteht, versteht man den großen Sinnzusammenhang nicht mehr, jedenfalls nicht mehr auf der bewußten Ebene, sondern man reagiert mehr auf die einzelnen Halbsätze, und doch spürt man, daß das Unbewußte auf den Satz als Ganzes reagiert, und auch das ist eine interessante Art, etwas über die tieferen Schichten der eigenen semantischen Reaktion zu erfahren.

Und vielleicht haben Sie sich gerade gefragt: «Ist es wirklich das, was ich im Moment spüre, oder ist es etwas anderes?» Dabei ist es gar nicht wichtig, daß Sie das bewußt wissen. Denn vielleicht können Sie schon jetzt in Ihrem Körper einen Teil spüren, der mehr weiß, als Sie jemals bewußt wissen konnten. Für einige Leute ist das beunruhigend. Für andere verstärkt das die Zuversicht mit dem Teil in ihnen, der etwas Außergewöhnliches über einen selbst weiß, noch tiefer in Trance zu gehen. Und jetzt, nach einer Weile, kann sich dieser Prozeß auf merkwürdige, überraschende Weise verändern. Und weder Sie noch ich können wissen, wie diese Veränderungen sich im einzelnen auswirken werden. Einige Leute beobachten den Prozeß gespannt, aber andere haben das Zutrauen, ihn wachsen und gedeihen zu lassen, weil sie wissen, es ist nicht notwenig, alles und jedes ständig zu beobachten und zu kontrollieren, damit es wächst. Und fest steht, daß es wächst. Denn ein reifes Vertrauen in die Gesetzmäßigkeit des eigenen Wachstums ist wichtiger als die bewußte Kontrolle in jeder Situation, genau so, wie sich die Kontrolle des Wachstums am besten gewährleisten läßt, indem es sich dem Bewußtsein entzieht, in jeder Situation, auch in dieser . . .

Auf einer bestimmten Ebene ist all das, was Sie eben gelesen haben, semantische Zuckerwatte. Sie können entweder reinbeißen – oder sich das Angebot erst einmal durch den Kopf gehen lassen, vielleicht, indem Sie überlegen: «Stimmt es wirklich, daß mein Entspanntsein bedeutet, daß ich mich verändert habe und verändern werde? Stimmt es wirklich, daß es eine Form von Autosuggestion ist, jetzt das Bild von Zuckerwatte vor Augen zu haben? Hatte ich eben wirklich einen kurzen Geschmackseindruck von Zuckerwatte auf der Zunge? Und habe ich mich wirklich an Jahrmarktzeiten erinnert, bei denen Zuckerwatte eine Rolle spielte?»

Ob es nun so oder anders ist, sei dahingestellt. Ein Kriterium für Trance könnte jedenfalls die Bereitschaft sein, bestimmte Formulierungen als Einladung zu verstehen, um darauf mit einer bestimmten inneren Reaktion zu reagieren. Eine Einladung können Sie annehmen oder ablehnen, und *eine Suggestion ist erst dann eine Suggestion, wenn sie zur Autosuggestion geworden ist.* Trance ist ein Zustand, den man daran erkennt, daß es immer leichter fällt, die Einladung anzunehmen, Suggestionen in Autosuggestionen zu verwandeln. Was immer das Besondere dieses Zustandes ist, es könnte sein, daß er Ihnen ganz gewöhnlich vorkommt, so gewöhnlich wie die Tatsache, daß sich die meisten Menschen die meiste Zeit des Tages nicht wirklich ihres Zustands bewußt sind, sondern daß sie wie in einem Nebelzustand durch den Alltag gehen, daß das ganze Leben des Alltags so ritualisiert und routiniert verläuft, daß man heute sowieso fast immer dasselbe macht, was man gestern auch schon gemacht hat, und das kann man sehr gut in Trance, denn dazu muß man gar nicht in jeder Hinsicht wach sein.

Im Zen und in anderen sprituellen Lehren ist es ein wesentlicher Aspekt im Prozeß des Gewahrseins, die Aufmerksamkeit zu schärfen. Das fängt mit ganz einfachen

Übungen an, etwa damit, auf eine ganz bestimmte Art und Weise Kartoffeln zu schälen. Kartoffeln aufmerksam zu schälen, wach und ohne in Trance zu sein, ist wesentlich schwieriger, als einfach nur einen Prozeß in Gang zu setzen, an dessen Ende irgendwie die Kartoffeln geschält sind. Nach ganz kurzer Zeit ist das Gewahrsein weg, und man ist nicht mehr in der Küche, sondern in Trance. Es ist durchaus möglich, den überwiegenden Teil des Tages so zu verbringen, ohne wirklich zu merken, wie man ihn verbringt und *daß man ihn in Trance verbringt.*

Aus hypnotherapeutischer Sicht kann man ein psychologisches Symptom nur dann haben, wenn man in Trance ist, also jenseits von Hier und Jetzt, etwa frühkindlich regrediert in einer anderen Zeit oder einem anderen Raum, der dem gegenwärtigen Moment nicht angemessen ist. *Ein Problem zu haben bedeutet, in einer bestimmten Art von Trance versunken zu sein, während man das Problem hat.*

Das Ende dieser Trance ist auch das Ende des Problems, etwa indem man mit einer anderen Art von Aufmerksamkeit sich selbst ein paar Zwischenfragen stellt: «Bin ich eigentlich immer in Trance oder nur zu 99 %? Was geschieht bei dem einen Prozent Nicht-Trance? Ist es meine Form der Autosuggestion, daß ich mich durch meine Glaubenssätze und Vorannahmen ständig selbst hypnotisiere? Ist das mein Glück oder mein Pech? In welche Trance möchte ich tiefer gehen, aus welcher Trance möchte ich erwachen?»

Übung
Time Line, Glückslinie

Wenn Sie in diesem Kapitel bis hierhergekommen sind, hatten Sie schon die Gelegenheit, parallel zur Lektüre die Erfahrung zu machen, daß Sie den Text lesen und gleichzeitig in eine Als-ob-Trance gehen können, indem Sie mit geschlossenen Augen nach innen gehen, um anschließend wieder aufmerksam weiterzulesen. Sie selbst bestimmen, wie lange und wie intensiv Sie die einzelnen Phasen der nächsten Übung erleben möchten. Das gibt Ihnen unter anderem die Gewißheit, daß Sie auf der jetzt unmittelbar bevorstehenden ‹Reise auf der Zeitlinie› stets wissen, wo Sie sind und wie weit Sie noch gehen möchten. Natürlich können Sie sich auch hier den Text aufnehmen oder vorlesen lassen.

Sie haben eine Sitz- oder Liegeposition eingenommen, die es Ihnen ermöglicht, in eine Trancetiefe abzuleiten, die für die folgende Übung angemessen ist. Bevor Sie aber in Trance gehen, können Sie Ihre Aufmerksamkeit auf Ihren Körper richten und den Kontakt zwischen dem Rücken und der Lehne spüren, um wahrzunehmen, ob die Auflagefläche rechts und links von Ihrer Wirbelsäule gleichmäßig symmetrisch ist.

Dann gehen Sie mit der Aufmerksamkeit ein wenig tiefer in Ihr Gesäß und spüren Ihr Gewicht, wie es auf der Sitz- oder Liegefläche auflastet. Und auch hier können Sie dafür sorgen, daß das Gewicht rechts und links gleichmäßig auflastet.

Jetzt nehmen Sie den Kontakt Ihrer Füße zum Fußboden wahr bzw. zur Liegefläche und beginnen dann, Ihre Aufmerksamkeit auf den Eingang Ihrer Nase zu richten.

Sie spüren, wie die Luft beim Einatmen durch die Nase die Naseninnenwand ein wenig kühlt; beim Ausatmen können Sie den Strom der Luft spüren, wie er aus der Nase an der Oberlippe vorbeiströmt. Mit jedem Mal Ausatmen entspannt sich Ihre Muskulatur mehr und mehr.

Mit jedem Ausatmen sind alle Gedanken, alle inneren Bilder wie weggepustet, Sie haben Ihren Körper verlassen, so daß der innere Dialog immer leiser und leiser und leiser, die inneren Bilder blasser, blasser und blasser werden.

Sie können die sich in Ihnen ausbreitende Ruhe genießen, während sich alle Muskeln und Nerven in Ihrem Unterkiefer entspannen und loslassen.

Und auch die Muskeln und Nerven rund um Ihren Mund entspannen sich, lassen los.

Und auch die Muskeln und Nerven rund um Ihre Augen entspannen sich, lassen los, so daß der innere Blick ruhig und klar wird.

Und auch die Muskeln und Nerven der Stirn und Kopfhaut entspannen sich und lassen los, so daß die Entspannung aus Ihrem Kopf tiefer und tiefer in Ihren Körper absinkt.

Und während Sie jetzt in einem tiefen Entspannungszustand ruhen, können Sie sich an den Zustand erinnern, der den Kern Ihres geglückten Glücks ausdrückt. Vielleicht hat der Zustand einen Namen, den Sie mit einer angenehmen inneren Stimme wiederholen. Vielleicht ist es ein Gefühl, das Sie wahrzunehmen beginnen – all die typischen Empfindungen, Klänge, Gerüche, die zu diesem Zustand gehören, damit er noch deutlicher, noch intensiver und noch wirklicher werden kann.

Und wenn Sie mögen, können Sie jetzt nach oben schweben. Sie sehen, wie sich eine leuchtende Spur von der Vergangenheit ins Unendliche erstreckt. *Das ist Ihre Zeitlinie.*

Mit dem Gefühl Ihres Glückszustands können Sie über Ihre Zeitlinie wegschweben auf der Suche nach dem Ort und der Zeit, in der Sie diesen Glückszustand zum allerersten Mal erfahren haben. Und Sie können sich mit dieser allerersten Erfahrung auf der bewußten oder unbewußten Ebene wieder vereinigen.

Es ist nicht wichtig, daß Sie genau verstehen, was im Moment geschieht. Es reicht, zu spüren und zu erleben, *daß* in Ihnen etwas geschieht und daß es die Aktivierung tiefer Schichten in Ihrer Erinnerung bewirkt, Erinnerungen, die weit, weit zurückreichen. Wer weiß, auf welche Weise diese Erfahrungen Ihren Glückszustand begrüßen wollen, und er wird dabei intensiviert oder verändert, bereichert oder durch bestimmte Aspekte ergänzt.

Und wenn Sie mögen, können Sie allmählich beginnen, in dem Glückszustand Ihre Aufmerksamkeit wie eine große Kugel wachsen zu lassen, so daß immer mehr von all dem, was ist, in der Kugel Ihrer Aufmerksamkeit eingehüllt wird. Und diese Kugel kann größer und größer werden, riesig groß, angefüllt von der Energie Ihres Glückszustands.

Von dort aus können Sie jetzt beginnen, Ihre Zukunft zu entrollen, Ihre berufliche und private, gerade so, wie sich Ihr Körper und Ihre Persönlichkeit in den nächsten Monaten und Jahren entwickeln werden, unter dem Stern des geglückten Glücks.

Und Sie können es Ihrem Unbewußten dann gestatten, Ihre Aufmerksamkeit von einem Thema zum anderen gleiten zu lassen, und dabei genießen Sie die Ideen, die inneren

Bilder, die ganz natürlich aus dem Glückszustand entstehen, wenn Sie Ihre Aufmerksamkeit auf Ihre Zukunft richten.

Sie können sich vorstellen, daß diese Ideen, Wünsche und Phantasien wie eine plastische, leuchtende Masse sind, aus der Sie die Zukunft formen und prägen. Sie fühlen, daß die Energie, die Sie jetzt auf Ihrer Zeitlinie in die Zukunft hineinprojizieren, die Energie sein wird, die Ihnen in der Zukunft begegnet.

Und morgen und übermorgen werden Sie beginnen, Ihre eigene Zukunft für alle Bereiche Ihres Lebens mehr und mehr im Detail zu planen, zu entwerfen.

Und es ist gut, diese Arbeit nicht nur vom Verstand her zu leisten, sondern daß sie getragen wird von einem Gefühl des In-der-Welt-Seins, das mit unseren tiefsten Schichten in Einklang ist.

Und Ihr Glückszustand, all die Gedanken und Phantasien, Wünsche und Hoffnungen, die jetzt in Ihnen lebendig sind, werden Sie heute nacht in Ihren Träumen begleiten, so daß Ihr Unbewußtes in allen Teilen Ihres Selbst schon in der kommenden Nacht beginnen kann, die neuen Muster, Ideen und Projekte zu entwerfen, die in den nächsten Tagen aus den Tiefen des Unbewußten aufsteigen werden, zur Bewußtwerdung, so daß Sie sie aufschreiben und konkretisieren können. So werden Sie stets wissen, welches der nächste Schritt zu einer Verwirklichung ist, die unter dem Stern des geglückten Glücks steht.

Sie können in den nächsten Monaten, mit Freunden oder für sich allein, weitere Glückszustände an die Oberfläche des Bewußtseins und Ihres Erlebens holen, so daß Ihr inneres Leben bereichert wird. Wer weiß, ob Sie sich schon jetzt ein genaues Bild davon machen können, was, wie und mit wem Sie zusammensein werden, wenn in Ihnen zwei, drei, vier, zehn oder zwanzig Glückszustände gleichzeitig lebendig werden.

Vielleicht bekommen Sie ein Bild von dem Potential, das in Ihnen steckt und das Sie erwecken können. So wie der Prinz im Märchen die Prinzessin wachküßt, so können Sie Aspekte Ihres seelischen Potentials wachküssen, das Sie zu dem Menschen werden läßt, der weiß, wie er sein höchstes Ziel und sein höchstes Glück erreichen kann.

Und allmählich mag es an der Zeit sein, die leuchtende Spur, die Ihre Zeitlinie ist, wieder in die Gegenwart zurückzuverfolgen, sich auf Ihrem Sitzplatz zu orientieren, wieder den Kontakt zum Fußboden, zur Rückenlehne wahrzunehmen, so daß Sie allmählich ganz munter werden, munter und wach, um früher oder später, wenn Sie heute in Ihr Bett kommen, dort auf der Traumebene wieder anzuknüpfen, wo Sie jetzt gerade gewesen sind.

Übung
Von der Trance zum Traum

Vielleicht wünschen Sie sich an dieser Stelle gar keine Pause, sondern Sie können sich sogar vorstellen, Sie wären bereits im Bett, träumend, und in diesem Traum wären Sie auf eine andere Art und Weise aufmerksam genug, um auch die Fortsetzung der Geschichte Ihrer Zeitlinie wahrzunehmen. In diesem Zustand, in dem Sie sich vorstellen, einen Traum zu träumen, in dem Sie die Stimme dieses Kapitels noch tiefer in die Trance geleitet, können Sie auch den tiefen Zustand von Entspannung wiedererkennen, der es Ihnen erlaubt, sich jetzt wieder eine Zeitlinie vorzustellen, und wie diese Zeitlinie eine Leuchtspur in die Vergangenheit beschrieben hat, die nun mitten durch Sie hindurchgeht, und wie sie eine Spur in die Zukunft legt. Nehmen Sie die Form Ihrer Zeitlinie wahr, ihre Farbe, ihre Breite, ihre Konsistenz.

Und während Sie jetzt, in diesem Traum, Ihre Zeitlinie betrachten, werden Sie vielleicht unterschiedliche Rhythmen und unterschiedliche Musik hören. Sie können sich erlauben, wahrzunehmen, wie der Rhythmus als ein Puls in der Zeit Ihre Wahrnehmung und Ihr Empfinden der eigenen Zeitlinie verändern kann.

Und es gibt dabei nichts zu tun, als nur etwas ganz Natürliches, Organisches wahrzunehmen. Als wahrzunehmen, wie der Rhythmus Ihre Zeitwahrnehmung und Ihre Zeitlinie verändert.

Und während Sie dem Puls der Musik lauschen und Ihre Zeitlinie wahrnehmen, können Sie tiefer und tiefer in Trance gehen.

Auf ihre eigene individuelle Weise zentriert sich Ihre Aufmerksamkeit immer mehr in dem Aspekt, der Ihnen selbst der kostbarste, der am besten gehütete ist, während alles um Sie herum ganz gleich-gültig ist, ganz so, wie ein Träumer auf seinen Traum konzentriert ist und nicht auf den Raum, in dem er ihn träumt. So beginnen Sie, Ihren inneren Raum mehr und mehr wahrzunehmen, jenen Raum, in dem Sie sehen, von woher und wohin sich Ihre Zeitlinie erstreckt.

Sie können Ihre Wahrnehmung in die Vergangenheit und in die Zukunft schweifen lassen, um festzustellen, wie weit Sie Ihre Zeitlinie wahrnehmen können. Wie nehmen Sie den Raum um Ihre Zeitlinie herum wahr?

Den Raum Ihres subjektiven Erlebens?

Wo ist im Moment der Raum der Gegenwart: in Ihrem Körper oder außerhalb Ihres Körpers?

Oder ist diese Unterscheidung im Moment ganz unwichtig? Und nachdem Sie sich jetzt mit Ihrer Zeitlinie im Inneren vertraut gemacht haben, werden Sie Ihre Zeitlinie allmählich durch die verschiedenen Chakren, feinstoffliche Energiezentren in Ihrem Körper, von unten nach oben gleiten lassen, um zu spüren, was passiert, wenn die Zeitlinie dort hindurchfließt. Aber wir beginnen noch nicht jetzt. Sollte es ein Chakra geben, wo es Ihnen unangenehm ist, daß die Zeitlinie hindurchfließt, lassen Sie dieses Chakra einfach aus, und lesen beim nächsten weiter.

Wir beginnen mit Ihrem Wurzel-Chakra, das ist der Ort zwischen Ihren Beinen direkt im Schritt. Es ist das Energiezentrum in Ihrem Körper, das Sie energetisch mit der Erde verbindet. Sie beginnen wahrzunehmen, wie der Gegenwartspunkt direkt durch Ihr Wurzel-Chakra läuft.

Was verändert sich in Ihnen mit der Wahrnehmung Ihrer Zeit, wenn die Zeitlinie mit ihrem Gegenwartspunkt im Wurzel-Chakra entlangläuft?

Und jetzt gehen Sie zum Sexual-Chakra. Das ist das Energiezentrum in Ihrem Unterbauch. Das Zentrum, dessen Symbol das Feuer, die Energie, der Mars, die Lebendigkeit, die Fortpflanzung und die Lust ist.

Was verändert Sie in Ihrem inneren Erleben, wenn Ihre Zeitlinie durch dieses Chakra, durch das Chakra des Feuers, hindurchgeht? Welche Farbe bekommt Ihre Zeitlinie?

Hat sie immer noch dieselbe Form, verändert sie sich auf die eine oder andere Weise?

Wie verändert sich Ihr Erleben der Gegenwart, der Vergangenheit und der Zukunft, wenn die Zeitlinie durch dieses Chakra läuft?

Und allmählich geht Ihre Zeitlinie zu Ihrem Solarplexus-Chakra, dem Sonnengeflecht. Hier haben Ihre Lebensenergie, Ihre Power, Ihre Durchsetzungsfähigkeit – kurz: Ihr Selbstausdruck – ihren angestammten Platz.

Wie fühlt es sich an, wenn Ihre Zeitlinie mit ihrem Gegenwartspunkt in Ihrem Solarplexus verankert ist?

Welche Farbe bekommt die Zeitlinie?

Vielleicht entsteht in Ihrem Körper ein Bewegungsgefühl – wenn ja, welches?

Was ermöglicht Ihnen dieser Zustand zu tun?

Was könnten Sie besser erreichen, wenn Ihre Zeitlinie durch Ihren Solarplexus hindurch verläuft?

Und jetzt geht die Zeitlinie ein wenig höher in Ihr Herz-Chakra, das Chakra, das für Liebe, Zuneigung, Solidarität, Hingabefähigkeit steht.

Sie können dieses Chakra ganz weit aufgehen lassen, weiter und weiter, während der breite Strom Ihrer Zeit durch Ihr Herz hindurchfließt.

All Ihre Liebesfähigkeit fließt in die Zukunft hinein.

Ihre Hingabefähigkeit, Ihre Leidenschaft für das Leben verändert sich, ebenso wie Ihr Verhältnis zur Zeit, zur Vergangenheit, zur Gegenwart, zur Zukunft – jetzt, in diesem Moment, wenn der Zeitstrom durch Ihr Herz-Chakra hindurchfließt.

Und allmählich steigt Ihre Zeitlinie höher in Ihr Hals-Chakra. Das ist der Ort für Kommunikation, für Sprache, für Ihre Fähigkeit, sich komplex und differenziert auszudrücken, die Ideen von anderen zu verstehen und Ihre eigenen Ideen in Worte zu kleiden, und die Fähigkeit, sie sprachlich der Welt mitzuteilen.

Wie fühlt es sich jetzt an, wenn Ihre Zeitlinie direkt durch Ihr Kommunikations-Chakra hindurch verläuft?

Welche Farbe paßt jetzt zu der Zeitlinie, und wie verändert sich Ihr Verhältnis zur Vergangenheit, zur Gegenwart und zur Zukunft jetzt?

Auf überraschende, ungeahnte Weise?

Jetzt wandert Ihre Zeitlinie hinauf in Ihr drittes Auge, Ihr Stirn-Chakra, den Ort für Intuition, den Ort, von dem aus Sie feinstoffliche Energien wahrnehmen können, das Auge, mit dem Sie in die Zukunft sehen und die verborgenen Geheimnisse des Lebens wahrnehmen können, die Sie mit Ihren physischen Augen niemals zu sehen vermögen.

Wie ist es jetzt, wenn Ihre Zeitlinie durch den Kopf direkt durch das dritte Auge in der Mitte der Stirn hindurch verläuft?

Stellen Sie sich vor, daß Ihre Intuition sich wie Wasser überall hin gleichmäßig ausbreitet, wie sie absinkt in die Tiefen der Erde, mit dem Sonnenlicht aufsteigt bis zum höchsten Himmel und wieder abregnet, und das in einem ewigen Kreislauf.

Der nächste Schritt besteht darin, daß Ihre Zeitlinie durch Ihr Kronen-Chakra fließt, den höchsten Punkt auf Ihrem Kopf, den ‹Tausendblättrigen Lotos›, einen Ort, an dem Sie mit dem Strom der höchsten kosmischen Energien verbunden sind. Sie können sich mehr und mehr in den Strom der Unendlichkeit einschwingen.

Da Sie diese Übung mit der Zeitlinie komplettiert haben, können Sie jetzt sogar noch einen Schritt tiefer in Trance gehen, um in einer zweiten Exkursion Ihr Verhältnis zur Zeit noch zu vertiefen, um den inneren Raum Ihrer Zeit in weiteren Aspekten zu erforschen.

Stellen Sie sich vor, daß die beiden Ströme Ihrer Zeit, der Strom der Vergangenheit und der Strom der Zukunft, sich zu einem Kreis zusammenschließen, und Sie sind in der Mitte des Kreises. Die Vergangenheit ist ein großer Halbkreis, der in die Zukunft übergeht, und die Zukunft ist der andere Halbkreis, der in die Vergangenheit übergeht.

Sie sind das Zentrum dieses Kreises, Sie sind eine zeitlose, unbegrenzte, in sich ruhende Gegenwart.

Und nun dreht sich dieser Kreis im Uhrzeigersinn um Sie herum, während Sie ganz stabil im Zentrum der Zeit verankert sind.

Wie bei einer Radnabe ist im Zentrum Ruhe, Bewegungslosigkeit und Stille – egal, wie schnell sich draußen das Rad dreht.

Und jetzt lassen Sie das Kreisen Ihrer Zeitlinie langsamer werden, langsamer und langsamer, bis die Zeit still steht, bis sie ganz zur Ruhe gekommen ist. Und nach einer Weile lassen Sie die Zeit sich in die entgegengesetzte Richtung drehen, erst langsamer und dann schneller und schneller und schneller.

Während Sie im Innern ruhig und bewegungslos verharren, nehmen Sie wahr, wie sich die Zeit um Sie dreht.

Und allmählich lassen Sie die Zeit sich wieder langsamer drehen, langsamer und langsamer und langsamer, bis sie endlich ganz zum Stillstand kommt. Und jetzt, wenn der Kreis der Zeit wieder zur Ruhe gekommen ist, werden Sie ihn mit dem Ausatmen größer machen. Dreimal atmen Sie auf diese Weise aus, und mit jedem Mal dehnt sich der Kreis der Zeit mehr und mehr aus, sein Durchmesser wächst.

Sie atmen ein, tief ein, und Sie atmen aus.

Sie atmen erneut ein – und aus. Und der Kreis der Zeit wird immer größer.

Sie atmen erneut tief ein, tief ein und aus, und jetzt nehmen Sie wahr, wie weit der Außenumfang dieses Kreises von Ihnen entfernt ist.

Nehmen Sie den großen Raum zwischen Ihnen selbst und dem Kreis Ihrer Zeit, dem Rad der Zeit, wahr. Vielleicht dreht es sich, vielleicht steht es auch still, wer weiß.

Und jetzt werden Sie den Prozeß umkehren. Mit jedem Einatmen wird der Kreis enger und enger.

Einatmen – der Kreis zieht sich zusammen. Ausatmen. Noch mal einatmen – wieder wird der Kreis kleiner. Ausatmen. Und beim dritten Mal Einatmen wird der Kreis zu einem winzigen Punkt, der in der Mitte Ihres Körpers landet.

Einatmen – ziehen Sie den Kreis ganz in sich hinein, und lassen Sie die Zeit zu einem winzig kleinen Kügelchen in der Mitte Ihres Körpers werden.

Und dieses winzig kleine Kügelchen in der Mitte Ihres Körpers werden Sie jetzt ausrollen wie einen festlichen Empfangsteppich, und es entsteht Ihre ursprüngliche Zeitlinie neu – jetzt.

Sie sind der Herr, die Königin oder der König der Zeit, Ihrer Zeit. Sie lassen Ihren Blick schweifen über das Reich der Zeit, das Reich Ihrer Zeit. Sie wissen: Was im Reich Ihrer Zeit passiert, untersteht Ihrem Willen.

Sie können sich mit Ihrem Bewußtsein durch Äonen

hindurch zurückbewegen, oder über Äonen hinweg in die Zukunft schreiten.

Und Sie können einen Ort wählen jenseits von Raum und Zeit – weit, weit oberhalb Ihrer Zeitline, indem Sie nach oben schweben, höher und höher, und das Königreich Ihrer Zeit von oben betrachten, wo der Fluß der linearen Zeit zu einem kleinen Rinnsal wird, ein Rinnsal, das von Ewigkeit zu Ewigkeit fließt, und in diesem Raum weit jenseits der linearen Zeit, jenseits des normalen Raumes, kann Ihr Bewußtsein in jede Richtung sich ausdehnen.

Sie können eine Lebendigkeit, die Lebendigkeit Ihres Bewußtseins genießen.

Und Sie wissen: Wenn Sie aus diesem Ort jenseits der Zeit in Richtung Ihrer Zeitlinie schauen, können Sie all die schönen Zeiten sehen, die wunderbaren Momente des Glücks, der tiefen Erfüllung, des innigen Erlebens.

Und wie ein kleines Kind, das über eine Wiese tollt und Blumen sammelt, können Sie Momente des Glücks sammeln, Momente der Seligkeit, der Hingabe, Momente großer Freude, Momente tiefer Ergriffenheit. Momente der Zärtlichkeit, verspielte Momente, Momente großer Erkenntnis, großer Einsichten. Momente der Zusammengehörigkeit, Momente der Ekstase.

Und all die Schätze in Ihnen, die Schätze von wunderbaren Momenten Ihres Lebens, können jetzt wie ein riesiges Feld von funkelnden Diamanten vor Ihnen erscheinen.

Sie können die Diamanten nehmen wie Sternenstaub und pusten sie auf Ihrer Zeitlinie in Richtung Zukunft, so daß die Zukunft glitzert und schimmert von all den wunderbaren Momenten der Liebe, Zärtlichkeit, Vertrauen, Erkenntnis, überschäumender Freude, erhabener Stille – das alles und noch viel mehr.

Und wenn Sie mögen, können Sie jetzt von diesem Ort, jenseits von Raum und Zeit, all denen zuwinken, die Ihnen auf Ihrem Weg hierhin geholfen haben, die Sie unterstützt haben vom Moment der Zeugung an, die Sie unterrichtet haben. Die Sie kritisiert haben, die Sie geliebt haben und die Ihnen auch im Streit Ihre Liebe gegeben haben.

Alle Menschen, die für Sie auf die eine oder andere Art und Weise wichtig waren, die Sie glücklich gemacht haben oder traurig, die Sie unterstützt und die Ihnen geholfen haben, sich zu entfalten und zu entwickeln, all diesen Menschen können Sie nun danken.

Sie können ihnen eine Prise von Ihrem Sternenstaub hinüberpusten. Und Sie können wahrnehmen, wie von vielen, vielen Seiten große Wolken von Sternenstaub zu diesen Menschen gepustet werden, so viel, daß es Jahrzehnte dauern wird, bis sich all der Sternenstaub gesetzt hat . . .

Und allmählich wird es wieder Zeit, daß Sie aus diesem Sternenort jenseits von Raum und Zeit hinunterschweben in den Ort und die Zeit, in die sich Ihr physischer Körper hineinankert. Und indem Sie Ihren physischen Körper wieder stärker wahrnehmen, geraten Sie automatisch wieder in die lineare Zeit aus Gegenwart, Vergangenheit und Zukunft. Eine Zeit, in der Sie sich von Moment zu Moment weiterbewegen.

Und während diese Empfindungen Ihren Kopf und Ihren Körper erfüllen, gehen Sie, wenn Sie möchten und wenn Ihre Reiselust groß genug ist, noch eine Etage tiefer in Trance, oder Sie träumen in jenem Traum, daß Sie noch tiefer in Trance gehen, wohlwissend, daß Sie in diesem

Text Ihren eigenen Ariadnefaden ausgelegt finden, der es Ihnen ermöglichen wird, zu gegebener Zeit von jedem Ort aus leicht und bequem zurückzufinden, so daß Sie sich erlauben können, auf dieser Trancereise jetzt weit, weit rückwärts in die Zeit zu gehen.

Weiter, als Sie vielleicht jemals bewußt in der Zeit zurückgegangen sind. Denn Sie wissen, in Ihrem Genmaterial ist die Geschichte des Lebens auf diesem Planeten auf geheimnisvolle Weise gespeichert. In den Atomen und Molekülen Ihres Körpers ist die Entstehung der Materie in diesem Universum kodiert.

Und weil wir tief in Trance sind, stehen jedem von uns viel, viel mehr Informationen zur Verfügung, als wir im Wachbewußtsein wahrhaben können.

Sie sind jetzt an Ihrem Gegenwartspunkt und beginnen, sich nach oben von Ihrer Zeitlinie zu lösen und höher und höher zu schweben, höher und höher. Wie ein Vogel, ganz weit oben. Und aus dieser Höhe schauen Sie in Richtung Vergangenheit, und Sie schweben hin über der Zeitlinie, in Richtung auf Ihre Geburt.

Ihr Unbewußtes kann all die Erinnerungen, Gefühle und Erlebnisse ins Bewußtsein entlassen, die es für angemessen hält, während Sie sich sehen, wie Sie unten geboren werden, als kleines Baby.

Dann gehen Sie weiter in der Zeit zurück, die Zeit der Schwangerschaft, die Zeit der Zeugung, und dann, wenn Sie noch weiter in der Zeit zurückgehen, folgen Sie der Zeitlinie Ihres genetischen Codes, der Zeitlinie Ihrer biologischen Abstammung, weiter, weiter in der Zeit zurück, Hunderte und Tausende von Jahren. Jahre mit den unterschiedlichsten Kulturen, immer weiter zurück in der Zeit, die Zeit, als die Menschen noch in Horden zusammenlebten, die Stammesgesellschaften der Jäger und Sammler, und noch weiter zurück, als es noch gar keine Menschen auf diesem Planeten gab, die Zeit der Saurier und Riesenechsen, und noch weiter in der Zeit zurück, als das Leben begann, vom Wasser auf das Land zu wechseln. Und dann sehen Sie in einen Ozean, dort, wo das Leben dieses Planeten begonnen hat, in den Tiefen der Weltmeere.

Und dann noch weiter in der Zeit zurück, in die Zeit, als dieser Planet aus Gas, Staub und Nebel erst allmählich zum festen Himmelskörper wurde.

In die Zeit, wo aus der riesigen Materiemenge im Universum die Sonne, die Planeten, Monde und Galaxien entstanden sind. Hinein in die Tiefen des Weltalls. In die unendlichen Weiten weit in der Zeit zurück, Milliarden von Jahren, zehn Milliarden, zwanzig Milliarden Jahre.

Und allmählich sind Sie so weit rückwärts in der Zeit gereist, daß es noch keine Materie gibt, nur riesige Mengen von Energie.

Winzige Partikelchen, die sich noch nicht zu Atomen und Molekülen formiert haben.

Das Universum ist noch sehr jung, und die Energie ist unvorstellbar heiß.

Und in wenigen Sekunden nähern wir uns dem Beginn dieses Universums.

Sie werden durch den Ursprung dieses Universums hindurchgleiten, vor den Beginn des Zeitstrahls, jenseits von Raum und Zeit und Big Bang, hinein in die unendliche Stille, bevor dieses Universum entstand.

Und jetzt, in dem Zustand, in dem die große Seele schläft und sich nichts bewegt, geht eine winzige, fast unmerkliche Bewegung durch die Stille.

Diese Bewegung wird gleich zu dem Urknall, aus dem ein neues Universum entsteht.

Und Sie werden die Stille verlassen, um zu erfahren, wie es ist, existent zu sein.

Und mit dem Urknall beginnt die Zeit.

Die Materie dehnt sich im Universum aus, und Sie reisen auf dem Zeitstrahl Richtung Zukunft.

Es formieren sich riesige Materiewolken, die sich zu drehen beginnen.

Es entstehen Spiralnebel mit Milliarden und Abermilliarden von Sonnen, und um die Sonnen beginnen sich allmählich Planeten zu formieren, in der Stille des Raumes, in der unendlichen Weite des Universums.

Und mittlerweile sind viele Milliarden Jahre vergangen, und am Rande einer Galaxie sehen Sie einen wunderschönen blauen Planeten. Nicht sehr groß, aber wunderschön. Der dritte Planet in einem ganz normalen, kleinen Sonnensystem mit einer Sonne mittlerer Größe, wie geschaffen für einen Garten Eden.

Und jetzt beginnen Sie aus der Höhe des Alls hinabzusausen in den Ozean dieses Planeten.

– – Jetzt. – –

Hinein in die ersten Lebewesen im Meer.

Und Ihr ganzer Körper, Zellen, Ihr genetisches Material kann sich an diese Zeit erinnern, wie sich allmählich die Galaxien der Einzeller zu größeren, komplexeren Lebewesen formen.

Und Millionen von Jahren ist das Leben nur im Meer, in den unendlichen Weiten der Ozeane.

Und das Land war noch wüst und leer.

Erst ganz allmählich entstanden Amphibien, Lebewesen, die zum Teil im Wasser, zum Teil auf dem Land leben.

Und wieder viele Millionen Jahre später gibt es die ersten Landtiere.

Diese Landtiere hatten noch keine natürlichen Feinde. Sie vermehren sich, werden größer und mächtiger.

Bald beginnen sie, sich gegenseitig aufzufressen, lange, lange bevor es Menschen gab.

In unserem Stammhirn und in unseren Genen ist auch diese Zeit präsent, die alten Instinkte von Angriff und Verteidigung, der Paarungsinstinkt.

Nun entstehen die ersten Menschen, und mit ihnen entwickeln sich Sprache, Religion, Kultur auf dem Planeten.

Und aus den Stammesgesellschaften werden allmählich Hochkulturen, die große Städte bauten, große Schiffe, Straßen, es entstand der Handel zwischen weit entlegenen Orten.

Und allmählich, immer schneller, nähern Sie sich unserer Epoche, und Sie nähern sich der Zeit Ihrer Zeugung in diesem Leben. Und Sie sehen, wie Ihr Vater und Ihre Mutter die erste Zelle Ihres Körpers produzieren.

Sie gehen mit all Ihrer Aufmerksamkeit in diesen kleinen Organismus, der Sie noch sind und der sich nun im Bauch Ihrer Mutter entwickelt, so daß Sie, ähnlich wie vor vielen Millionen Jahren im Ozean, jetzt in der Geborgenheit des Fruchtwassers schwimmen, warm und schwerelos.

Sie hören den Herzschlag Ihrer Mutter, das Auf und Ab ihres Atems, während Sie größer werden.

Sie sind jetzt im 7. Monat, dann im 8., dann im 9. Monat, und dann werden Sie geboren. Sie machen Ihren ersten Schrei. Ein neues Leben beginnt.

Und Ihr Unbewußtes wird Sie jetzt auf Ihre Zeitlinie mit all den Erfahrungen vom Beginn der Zeit bis in die Gegenwart führen, so daß all die Erinnerungen aus diesen Leben erfrischt werden können – auf eine neue, fruchtbare und zutiefst befriedigende Weise, die dem, was Sie wesentlich sind, entspricht.

Und nur Ihr Unbewußtes, in den Tiefen Ihres Selbst, kann wissen, wie genau das jetzt zu geschehen hat. Sie können sich erlauben, diesen Prozeß zu genießen, zu beobachten, mit tiefer Dankbarkeit darüber, daß dieses Leben in Wirklichkeit vor Milliarden Jahren begonnen hat, mit dem Beginn dieses Universums.

Und in Ihrem Körper ist diese Geschichte dieses Universums, die Geschichte des Lebens auf diesem Planeten, in jeder Faser aufgezeichnet, und Sie verwirklichen sich in jedem Atemzug.

Und wenn Sie jetzt allmählich auf Ihrer Zeitlinie in der Gegenwart ankommen, können Sie in die Zukunft sehen, um sich im Lichte der eben vollendeten Reise noch einmal all Ihre Ziele anzusehen.

Und Sie spüren den Handlungsimpuls, der Sie nach vorne treibt, um das Beste von sich zu geben, das Sie der Welt geben können, für Sie selbst und alle anderen.

Stellen Sie sich dabei vor, wie diese Welt beschaffen wäre, wenn nicht nur Sie selbst, sondern alle Menschen die Tür zum geglückten Glück weit aufmachen, Tag für Tag. Was wäre dann wohl möglich?

Vielleicht viel mehr, als wir uns in unseren wildesten Träumen vorstellen können.

Die Geschichte des Universums ist reich an Überraschungen, reich an Rätseln und Mysterien, die wir vielleicht nie erklären werden, einschließlich unseres eigenen Lebens, denn unsere Existenz ist ein Teil dieses unerklärlichen Mysteriums.

Durch uns hindurch arbeitet das Universum, wirkt das Leben an sich selbst, und es läßt uns mit jedem Pulsschlag wissen.

«Ohne dich würde im Universum etwas fehlen, unter dem Stern des geglückten Glücks.»

Mit all den Erfahrungen, die Sie eben gesammelt haben, mit all den wachen Erinnerungen, können Sie jetzt – in Ihrem eigenen Tempo – den Weg vom Traum zurück in die Trance und von der Trance zurück in die Gegenwart Ihres Körpers beschreiten. Kehren Sie in die Gegenwart dieses Raumes zurück, und orientieren Sie sich dort mit Muße, bis Sie wieder ganz wach sind.

Ein Besuch im Glückslabor

Der öffentliche Geheimbund der Glücksritter

Niemand ist ohne, alle wollen mehr davon: Glück ist begehrt. Trotzdem haben wir auch Angst davor. Aber, was das Verblüffendste ist: Selbst wenn wir dieses Buch bis hierher aufmerksam gelesen haben, wissen wir immer noch nicht genau, was das eigentlich ist: Glück. Aus diesem Grund begeben wir uns jetzt ins Glückslabor. Sie können sich darunter vorstellen, was Sie wollen: eine virtuelle Forschungsstätte oder eine postmoderne Artusrunde. Fest steht, daß im Glückslabor Menschen zusammenkommen, die so tun, als ob es ein Unterschied sei, ob sie ihr Glück vernachlässigen oder es hegen und pflegen.

Hier sitzen, neben allen, die bisher zu Worte kamen, auch die Protagonisten der schon erwähnten ‹gurufreien Experimentalgesellschaft zur Erlangung höherer Bewußtseinszustände›. Sie beraten sich und andere, wie sie das Glücken ihres Glücks ständig verfeinern können. Außerhalb ihres Labors sind die Tafelritter und Tafeldamen von anderen Zeitgenossen nicht zu unterscheiden – offen gestanden, man begegnet ihnen an jeder Straßenecke, genau dort sind sie sogar besonders häufig anzutreffen – sei es inkognito oder in flagranti. Unveränderliche äußere Kennzeichen mögen ihnen fehlen, doch sie besitzen ein inneres Erkennungsmal: den Glaubenssatz, daß die Welt keinen einzigen Tag bestehen kann, ohne daß sich irgend jemand irgendwo ums Glück kümmert. Drum rasten und ruhen sie nicht, und sie probieren täglich etwas Neues aus, um die Horizonte des Glücks ein Stückchen weiter auszudehnen und um das Nervensystem zu trainieren, damit es noch ein bißchen mehr des höchsten der Gefühle zu fassen vermag.

Wenn Sie möchten, können übrigens auch Sie selbst Mitglied – Glücksritter – in diesem öffentlichen Geheimbund werden. Sie brauchen nur (in Ihrer Vorstellung) einen entsprechenden Antrag zu stellen – schon ist ihm offiziell stattgegeben! Damit sind auch Sie berechtigt, sich auf Ihre ganz persönliche Art und Weise mit der Theorie und Praxis der Glücksforschung zu befassen.

Oft ist die Suche nach dem Glück nichts anderes als die Suche nach dem Gefühl, lebendig zu sein, am Strom der kosmischen Vitalität teilzuhaben, die Berührungspunkte mit dem wunderbaren Rätsel unseres Daseins zu spüren. Dieses Gefühl ist nie statisch, sondern es korrespondiert mit dem Wachstum der inneren Kräfte. Indem man diesen Kräften gestattet, sich außen zu zeigen, intensiviert sich auch das innere Wachstum. Umgekehrt: Wenn man sich niedergeschlagen, müde, anfällig, stumpf und deplaziert vorkommt, kann das daran liegen, daß man den Kräften des Glücks auf bestimmte Art und Weise verwehrt hat, zu wachsen – oder daß man diese Kräfte daran gehindert hat, sich mit ihrem Wachstum in die Welt vorzuwagen.

Die Glücksritter im Glückslabor haben daraus gelernt, gerade die alltäglichen Berührungspunkte mit anderen

Menschen als Sensor für die Intensität und die Evolution der inneren Kräfte zu sehen. Wo sie bei anderen die Bereitschaft erkennen, die eigenen Wachstumskräfte willkommen zu heißen, dort meldet der Sensor automatisch viele Beziehungspunkte, an die es sich anzuknüpfen lohnt. Wo aber die Glücksritter mit Menschen zusammentreffen, die sich entschieden haben, das Wachstum ihrer inneren Kräfte zu verlangsamen oder zu leugnen, dort zeigen die Kurven auf dem Display des Sensors nach unten. Unvermeidlich gibt es Auswirkungen auf das Kommunikationsklima: Die Beziehungen zu diesen Menschen werden seltsam schal.

Doch zu ihrer eigenen Verblüffung mußten die Glücksritter irgendwann eine wichtige Beobachtung machen: wann immer die Kommunikation schal, uninteressant und leblos wurde, gerieten auch die Glücksritter selbst in eine Verfassung, wo sie bald mit ihrer eigenen Lustlosigkeit nicht mehr weiter wußten und sich gerne einredeten, die anderen hätten Schuld daran. Diese Beobachtung aber ließ sie noch weniger ruhen, als sie vorher schon geruht hatten. Irgendwann jedoch lernten sie, sich dank der Rückmeldungen des Glücks-Sensors auch ihre eigenen Phasen der Lethargie und der Depression zu verzeihen: wiesen diese sie doch darauf hin, daß sie von ihrem Ziel abgewichen waren. Dadurch stießen die Glücksritter erstmals auf seltsame, schon vergessene Gefühle, die sie an ihre Kindheit erinnerten, als sie lernten, sich dem unter Menschen üblichen Maß von Gedämpftheit anzupassen.

Auch das waren Erfahrungen, die die Glücksritter lehrten, dahin zu kommen, wo sie heute sind – ins Glückslabor. Und das ist gut so. Es macht sie um so begieriger, Formate zu entwickeln und zu erproben, die ihren Appetit auf Glücks-Evolution noch raffinierter befriedigen können.

An zwei ihrer vielversprechendsten Projekte sollen auch Sie noch teilhaben können.

Die rechtmäßige Wiederaneignung des verliehenen Glücks

Dies ist ein Prozeß, im therapeutischen Jargon auch Format genannt, bei dem es um die Integration oder Nicht-Integration von Glück als einer natürlichen, inneren, zutiefst seelisch-persönlichen Kraft geht. Es wird davon ausgegangen, daß es ein zugrundeliegendes Muster gibt, das darüber entscheidet, ob jemand das ihm zustehende Glück tatsächlich erhalten und auch halten kann. Denn sowenig, wie es Sinn macht, in ein Haus, dem das Dach fehlt, eine Zentralheizung einzubauen, sowenig macht es Sinn, jemanden mit Glück zuzuschütten, bei dem es aufgrund eines Lecks im psychischen System sofort wieder abfließt. Das Glücksformat gleicht einem Gang durchs Labyrinth mit verschiedenen Haltestationen oder einem Mensch-ärgere-dich-nicht-Spiel, bei dem Sie in Ihrem eigenen Rhythmus darüber entscheiden, wieviel Ihrer natürlichen Glücksgaben Sie sich rückaneignen möchten.

Wie das geht?

Indem man so tut, als ob das alles viel einfacher sei, als gemeinhin angenommen wird. Daß das Glück nicht gleichzusetzen ist mit irgendeinem Dusel, der einem von einer höheren Instanz genehmigt wird, ist eine Binsenwahrheit, die zum Repertoire jeder Kalenderspruchsammlung gehört. Glück ist anerkanntermaßen eine Kraftquelle, die von *innen* kommt. Doch diese Quelle sprudelt bei verschiedenen Menschen unterschiedlich stark. Das läßt sich

am einfachsten anhand einer kleinen Zeichenübung veran-
schaulichen. Dabei werden Sie, als Testpersonen im
Glückslabor, gebeten, auf ein Blatt Papier einen großen
Kreis zu malen, den ersten Ring des Glücks. Er könnte so
aussehen:

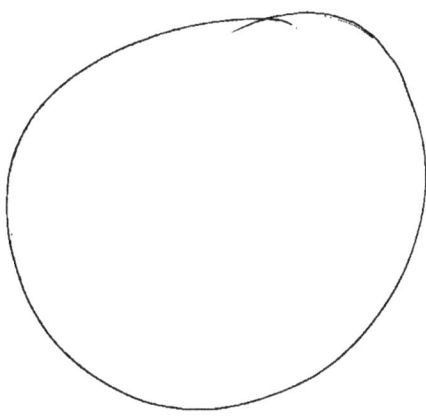

Stellen Sie sich bitte vor, daß dieser Kreis den vollen Umfang des inneren Glücks beschreibt, das Ihnen von Natur
aus zusteht. Dies ist *der erste Ring des Glücks*. Menschen, die
im Visualisieren begabt sind, können sich diesen Ring auch
in dreidimensionaler Gestalt vorstellen, vielleicht als eine
Kugel, bei der Sie in der Mitte stehen und genau spüren,
wie weit der Radius ist, mit dem sich der erste Ring des
Glücks um Sie herum erstreckt. Als nächstes bekommen
Sie die Aufgabe, auf dasselbe Blatt einen zweiten Kreis zu
zeichnen. Der soll den Umfang des Glücks darstellen, über
das Sie real verfügen – nicht als abstrakter Anspruch der
Seele, sondern als gelebte Kraft im Alltag. Das ist *der zweite
Ring des Glücks*. Bei vielen sieht die Relation des ersten

Kreises – dem des von Natur aus zustehenden Glücks – zum zweiten Kreis – dem des tatsächlich verfügbaren Glücks – ungefähr so aus:

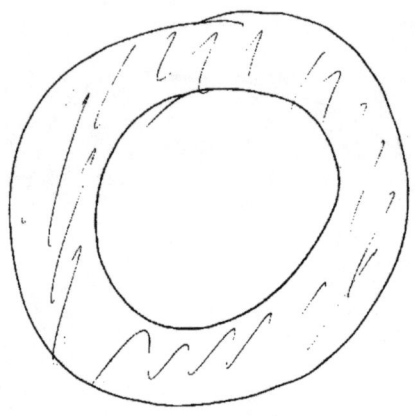

Für Menschen, die den zweiten Kreis genauso groß malen wie den ersten, ist das folgende Glücksformat überflüssig. Sie brauchen es nicht, denn sie haben keinerlei Glücksdefizite und können sich ohne Umschweife anderen Dingen widmen – zum Beispiel weniger begnadeten Leuten beim Glücklichwerden helfen, das heißt, bei der Wiederaneignung des fehlenden Glücks. Für diejenigen aber, bei denen der zweite Kreis kleiner ausfällt als der erste, bei denen sich also eine Differenz auftut zwischen dem Glück, von dem sie wissen, daß es ihnen zusteht, und dem Glück, das sie real erleben, könnte das Format nützlich sein.

Bisher sind unsere Glücksforscher nur auf Menschen getroffen, die den zweiten Ring des Glücks kleiner zeichneten als den ersten. Ist das reine Bescheidenheit? Göttliche Fügung? Oder könnte es ein Ansporn sein, sich zu fragen:

Wo steckt der Differenzbetrag? Habe ich ihn verliehen? Wenn ja, an wen und warum? Und traue ich mir überhaupt zu, ein Leben zu leben, in dem die beiden Ringe deckungsgleich sind? Darf das denn sein?

Oft wirkt bereits die Wahrnehmung des Glücks-Fehlbetrags als Anreiz zu seiner Begleichung. Denn immerhin weiß man ja schon, *was* einem fehlt und *wieviel*. Etwas, das so genau umrissen ist, dann auch irgendwann zu bekommen, ist nachgerade simpel, verglichen mit dem Problem, das man hat, wenn man nicht einmal die Natur seines Mangels kennt. Wer friert, aber keine Vorstellung von der wärmenden Wirkung eines Mantels besitzt, wird auch nichts dafür tun, sich ein solches Kleidungsstück zu besorgen. Wer aber die Vorstellung ‹Mantel› besitzt, für den ist dieses innere Bild wie ein Magnet, der zur Tat hinzieht. Nur wer das Wunder kennt, das ein Mantel dem schlotternden Körper bereitet, weiß auch, worauf er seine Anstrengung zu richten hat, damit die Kälte endlich aufhört. Also: Um ein Defizit klar bezeichnen zu können, ist die Kenntnis dessen vorausgesetzt, was man zu seiner Behebung braucht. Dieses Prinzip wird in dem amerikanischen Filmklassiker *The Wizzard of Oz* wunderbar zum Ausdruck gebracht. Dort begegnet die Heldin, das Mädchen Dorothy, auf der Suche nach dem legendären Zauberer von Oz einer Reihe von Wesen, deren jedes darunter leidet, daß ihm etwas ganz Bestimmtes fehlt. Eine Vogelscheuche am Wegesrand zum Beispiel hat kein Gehirn. Das hält sie aber nicht davon ab, ein Loblied auf eben dieses anzustimmen: «If only I had a brain» – «Ach, hätt' ich nur ein Hirn.» Darin besingt die Vogelscheuche detailliert, wie wunderschön das Leben würde, wenn sie erst das ersehnte Gehirn hätte. Wie aber kann jemand ohne Gehirn über das Leben mit Gehirn so genau Bescheid wissen?

Daß die Vogelscheuche bereits im Zustand des Defizits so konkrete Vorstellungen über ihr Ziel hat, erweist sich als entscheidender Motivationsfaktor zu seiner Behebung: In einem höchst kritischen Moment stellt die hirnlose, aber ihr Gehirn erfolgreich simulierende Vogelscheuche die ganze Intelligenz eines funktionierenden Gehirns unter Beweis. Die Sehnsucht nach dem Gehirn verschafft ihr tatsächlich Zugang zu allen Ressourcen eines Gehirns! Die Vogelscheuche hat sich selbst zu ihrem Grips verholfen, indem ihr klar wurde, daß es ein Gehirn war, das ihr fehlte – und nicht etwa ein Mikrowellenherd oder ein Hubschrauber. Erst ganz am Schluß beglaubigt auch der endlich gefundene ‹Zauberer von Oz› – der sich als geschickter Illusionist herausstellt – die bereits getätigte Leistung, indem er der Vogelscheuche auch offiziell ein Gehirn verleiht. Aber da hatte die Simulation schon längst zum Erfolg geführt.

Ähnlich verlaufen auch die Abenteuer von Dorothys anderen Begleitern. Der Blechdosenmann, der weiß, daß ihm ein Herz fehlt, eignet sich ein solches im Lauf der Handlung an, und der feige Löwe, der doch so gerne mutig sein möchte, steigert sich qua Simulation in echten Löwenmut hinein.

Wie sollte es angesichts so hervorragender Vorbilder nicht möglich sein, auch jenes Glück wiederzuerlangen, von dem man weiß, daß es einem fehlt, weil man weiß, daß man es schon kennt? Fragt sich nur: Wo war es zwischenzeitlich abgeblieben?

Ehe wir mit diesen Fragen ins Detail gehen, werfen wir einen Blick auf die Vorannahmen des Glücksformats. Wie so oft, besteht das Geheimnis einer erfolgreichen Intervention darin, den Rahmen so zu setzen, daß dank der in den Vorinformationen enthaltenen Vorannahmen schon die halbe Strecke zum Ziel zurückgelegt wird. Im Falle des Glücksformats lauten die drei wesentlichen Vorannahmen wie folgt:

- Sie haben ein inneres Wissen von der unversehrten Ganzheit Ihres natürlichen Glücks. Hätten Sie es nicht, könnten Sie nicht wissen, daß ein Teil davon Ihrer Verfügung entzogen ist.

- Den fehlenden Teil Ihres Glücks haben Sie in einer unbewußten Transaktion verliehen. An wen und warum, das werden wir genauso herausfinden wie den Weg, um es zurückzugewinnen.

- Es steht Ihnen zu, mit Ihrem ganzen, wiedergewonnenen Glück durchs Leben zu gehen – und Sie werden es schaffen.

Bei einer Glücksformat-Sitzung geht es darum, den Klienten durch einen Prozeß zu führen, bei dem er die Erfahrung macht, wie der zweite Ring des Glücks – das, worüber er real verfügt – deckungsgleich wird mit dem ersten Ring des Glücks – dem, was ihm zusteht. Zu welchen Neu-Interpunktionen es dabei kommt, welche systemischen Verstrikkungen aus der Familie es aufzulösen gilt, ergibt sich aus dem Material, das an die Oberfläche kommen wird. Die systemische Komponente ist deshalb wesentlich, weil das persönliche Glück nicht nur die Verfügungsgewalt über die eigenen Energien beinhaltet, sondern auch das Bewußtsein, wie diese Energien eingewoben sind in die Kommunikation mit anderen und wie sie von Menschen reflektiert werden, mit denen man in enger Beziehung steht.

Seine Glückskräfte zusammenzuhalten ist nicht zu verwechseln mit selbstbezogener Überheblichkeit oder gar einem Allmachtswahn. Gemeint ist die Fähigkeit, den Glücksradius des eigenen Daseins mit der ganzen Bandbreite aller Lebensäußerungen, die einem gegeben sind, auszufüllen. Diese Fähigkeit setzt etwas sehr Bodenständiges voraus: daß man auch die Grenzen des eigenen Raumes kennt und sie respektiert.

Diese Betonung gegebener Grenzen mag diejenigen wundern, die sich als höchstes Glück die mystische Einheit, eine Verschmelzung jenseits aller Begrenzungen, vorstellen. Es trifft zu, daß ein Erlebnis des Mit-allem-eins-Seins zu den schönsten Glücksmomenten gehört, zu denen wir Menschen überhaupt fähig sind. Doch es ist ein gewaltiger Unterschied, ob man die eigenen Grenzen überschreitet, weil man sich ihrer Auflösung willentlich hingibt, oder ob diese Grenzen von anderen übertreten werden, die diese Grenzen mißachten. Letzteres als mystische Verschmelzung auszugeben wäre reine Schönfärberei! Nur wer sein Glück innerhalb respektierter eigener Grenzen zusammenhält, verfügt über die Kraft, Ziele zu verfolgen, von denen klar ist, daß es die eigenen Ziele sind. Das geglückte Glück erfüllt sich in der Einzigartigkeit, mit der jedes Individuum seine Seelenmelodie zum Klingen bringt, im Chor mit der Einzigartigkeit der anderen. Erst in der Abgrenzung zu etwaigen symbiotischen Partnern wird einem klar, was es heißt, für die eigenen Ziele, die eigene Einzigartigkeit Verantwortung zu übernehmen.

Dies wird sich nur derjenige trauen, der genügend Selbstrespekt hat, um sein Glück in der Welt real zum Ausdruck zu bringen. Wem es an Selbstrespekt mangelt, dem fehlen auch die Mittel, sich Respekt nach außen zu verschaffen; und wer sich keinen Respekt nach außen verschafft, bei dem sind für symbiotische Verklumpungen und Übergriffe jeder Art Tür und Tor geöffnet. Wer sich solcher Übergriffe nicht erwehren kann, muß bei der Verwirklichung der eigenen Ziele Abstriche in Kauf nehmen. Zu echter Selbstverwirklichung braucht man mehr als sein halbes – dazu braucht man sein ganzes Glück.

Das Glücksformat soll also helfen, wieder in den Besitz des Fehlbetrags zu kommen, der der eigenen Verfügung entzogen ist. Dazu ist es wichtig, die Spur zu der Stelle zu verfolgen, an der ein eventuelles Glücks-Opfer dargebracht wurde. Nur an dieser Stelle kann die Rückgewinnung des verliehenen oder sonstwie abgegebenen Glücks gelingen. Nicht immer ist diese Stelle leicht zugänglich, denn es kann auch ein Ort der Verletzung, der wohlgehüteten Schwäche sein. Doch wer erst einmal dorthin vorgedrungen ist, spürt schnell, daß sich diese Opferstelle nach Heilung sehnt, nach Transformation in eine Quelle der Glückskraft.

Eine Glücksformat-Sitzung

Nennen wir die Klientin Maria. Sie zeichnete die beiden Ringe des Glücks ähnlich wie oben dargestellt. Auf die Frage: «Wo, meinst du, steckt denn jetzt diese Glücksdifferenz?» sagte sie spontan: «Bei der Mutter.» Ich fragte, was ihr in dieser Beziehung Probleme bereite, und sie nannte das Gefühl, nicht für ihre Lebendigkeit gewürdigt zu werden. Ich bat sie, mit diesem Gefühl als rotem Faden durch ihre Vergangenheit zu reisen und bei all den Situationen anzuhalten, bei denen sie diese Art Gefühl erlebt hatte. Mit dem, was Sie als Leser in den vorangegangenen Kapiteln erfahren haben, werden Sie schnell erkennen, daß sich solche Konversationen nicht en passant am Kaffeetisch führen lassen, sondern daß Maria in einen nicht-alltäglichen Bewußtseinszustand gehen mußte, um die gestellte Frage beantworten zu können. Als erstes Beispiel ihrer inneren Suche nannte sie ein Erlebnis, das sie hatte, als sie 7 Jahre alt war. Sie hatte sich an der Eisenstange der Bushaltestelle bis zum Rausch im Kreis gedreht. Da rief die Mutter «Maria!», und sie spürte am Klang der Stimme: Jetzt gibt's rote Ohren. Im folgenden gebe ich wieder, welcher Dialog sich im therapeutischen Gespräch entspann:

«Woher wußte denn das Mädchen, daß diese Stimme Strafe bedeutet?»

«Das war schon mal so, als wir das Kinderzimmer vollgeschmiert hatten. Wir fanden das toll und waren uns keiner Schuld bewußt, aber die Mutti flippte aus.»

«Und wenn du weiter in der Zeit zurückgehst – gab es davor schon Situationen, wo du dasselbe Gefühl hattest?»

(Sie schließt die Augen.) «Mir kommt's so vor, als wäre ich jetzt im Mutterbauch; ich spüre, ich komme ungelegen, die Oma sagt zu meiner Mutter: ‹Mit dem Bauch kommst du mir nicht ins Geschäft, was sollen denn die Leute denken›.»

«Die Tatsache, daß dieses Wesen, das du damals im Mutterbauch warst, bereits intuitiv spüren kann, was für sein glückliches Lebensgefühl zuträglich ist und was nicht, heißt, daß es in ihm schon damals eine entwickelte Instanz der Weisheit gegeben hat. Und wenn du gestattest, möchte ich mich mit dieser Weisheit jetzt gerne unterhalten.»

(Sie nickt.)

«Ist es nicht so, daß ein Embryo, wenn er auf seine Weise

merkt: Hier geht meiner Lebensfreude etwas gegen den Strich, zwei Möglichkeiten hat: auf dieses Leben verzichten und wieder zu gehen. Oder das Leben anzunehmen, wie es ist. Und dafür entscheidet er sich, einen genau bemessenen Teil seines Glücks und seiner natürlichen Lebensfreude abzugeben, und zwar als Leihgabe an die Mutter, damit sie dich wohlbehalten in diese Welt bringen kann. So, als ob zwei Seelen auf einer höheren Beziehungsebene eine Abmachung treffen, so, als ob du auf dieser Ebene zur Mutter sagst: ‹Ich leihe dir ein Stück von meinem Glück, wenn du mich dafür auf die Welt bringst. Und später, wenn ich für mich selbst sorgen kann, werde ich mir dieses Glück, diese Lebensfreude mit Dank bei dir zurückholen.›

Und angenommen, dem Embryo ist es auf einer bestimmten Ebene schon damals klar, daß das so ist und was diese Abmachung bedeutet, dann spüre bitte noch einmal nach, wie das kleine Wesen diese Entscheidung trifft, auf einen Teil seines natürlichen Glücks zu verzichten – für eine begrenzte Zeit.

Und du kannst den Embryo fragen, was er davon hält, wenn du, Maria, die große, erwachsene Schwester aus der Zukunft, ihm versprichst, daß du dir das an die Mutter ausgeliehene Glück wieder zurückholen wirst, zur gegebenen Zeit – nämlich jetzt.»

«O. k., das findet er gut.»

«Dann laß ihn sehr aufmerksam verfolgen, was du, als die erwachsene Maria, jetzt machst, um das Versprechen einzulösen.»

An dieser Stelle sei noch einmal das Ziel des Glücksformats genannt: die Wiederherstellung einer ins Ungleichgewicht geratenen Glücksbalance durch ein Rückhol-Ritual, das sich auf eine ‹seelische› Interaktion in der Vergangenheit bezieht. Dem geht die Erkenntnis – und die Würdigung – voraus, daß die Abgabe des eigenen Glücks ein notwendiger Entwicklungsschritt und das Ergebnis einer systemischen Vereinbarung war. Wo diese Vereinbarung über den Zeitraum ihrer Gültigkeit hinaus blind und verborgen blieb, schuf sie ein Schwächungsmuster, das den Klienten für Verwundungen und Übergriffe anfällig machte. Sobald diese Vereinbarung im systemischen Einvernehmen gewürdigt wird, kann das Schwächungsmuster durch die Rücknahme des eigenen Glücks in die eigene Verantwortung beendet werden.

«Stell dir vor, Maria, du sitzt deiner Mutter gegenüber und schaust ihr in die Augen, zwei erwachsene Frauen, und du sagst zu ihr: ‹Liebe Mutti, ich habe dir einen Teil meines Glücks geliehen, damit du mich in diese Welt bringen konntest. Ich danke dir und ehre dich dafür, daß du diese Übereinkunft mit mir eingegangen bist. Jetzt bin ich bereit, all das Glück wieder an mich zu nehmen, das mir zusteht, für das ich verantwortlich bin und das ich als freies Wesen meistern werde. Ich hole es mir jetzt zurück.›»

Maria nimmt sich von der imaginären Mutter ein Kissen, das wir zuvor als ‹Glückskissen› bestimmt hatten, drückt es ans Herz, an die Stirn, an den Bauch.

«Und dieses Glück, das du jetzt wieder in seinem vollen, natürlichen Ausmaß in dir spürst, fließt nun Stück für Stück in dich hinein und verbreitet sich in all deinen Zellen . . .»
   (Nach einer Pause:)

«Wie hat das ungeborene Wesen, das die ganze Zeit zugeschaut hat, diese Zeremonie erlebt?»

«Das freut sich, weil es jetzt weiß, daß es eine Gerechtigkeit gibt, und es versteht, das ist eben der Preis, um hier inkarniert zu sein, eben ein Stück der Mutter zu leihen. Es weiß ja jetzt, es kriegt das Glück zurück, da kann es auch besser damit umgehen, wenn die Oma über den dicken Bauch meiner Mutter herzieht.»

«Und wenn du es mit dieser Gewißheit sich weiter entwickeln läßt, bis zur Geburt – wie verändern sich die genannten Situationen, die du als junges Mädchen erlebt hast?»

«Ich sehe, die sind halt schon blöd, aber da ist in allen Zellen so eine Zuversicht, eigentlich ganz ohne Worte, so ein Einverständnis mit der Situation, weil sich meine Lebensfreude eben doch nicht unterkriegen läßt.»

«Und wenn du dir jetzt vorstellst, du könntest deine Mutter fragen, wie sie euren Austausch erlebt hat?»

«Erst war sie erschrocken, weil sie dachte, ich nehme ihr etwas weg. Aber eigentlich ist sie jetzt unheimlich stolz auf ihre Tochter, weil die sich etwas getraut hat, wonach sich die Mutter auch immer gesehnt hat.»

«Es spricht auch nichts dagegen, daß die Mutter – wie jeder Mensch – sich das ihr zustehende Glück zurückholt, wo immer sie es deponiert hat . . .»

Übung
Das Glücksformat im praktischen Ablauf

1. Identifiziere den Problemzustand.
Ziel ist, das Thema Glücks–Abgabe anhand von typischen
Situationen und Gefühlen rückverfolgen zu können.

2. Gehe mit diesem Gefühl zurück in die Vergangenheit.
Dazu die Frage:
Wo ist dieses Gefühl schon einmal aufgetaucht?

3. Kehre über die identifizierten Erinnerungsstationen zur Ur-
sprungssituation zurück.
Es spielt keine Rolle, ob sie in der Kindheit, im Mutter-
bauch, im Reich der Seelen oder sonstwo liegen.
Fragen beim Ursprungspunkt:
– An wen hast du damals dein Glück abgegeben?
– Aufgrund welcher Abmachung? (Die Einsicht in die
   Weisheit der damaligen Entscheidung ist Voraussetzung
   für ihre bewußte Rücknahme.)

4. Die Versöhnung mit dem damaligen Entschluß wird geankert.
Dazu die Frage:
– Da du jetzt weißt, wofür das damals gut war – bist du nun
   auch bereit, dir dein Glück wiederzuholen?
Dazu die Aufforderung:
– Nimm es dir! (Ein Symbol, Kissen oder ähnliches, be-
   reitstellen)

5. Wiedergabe-Ritual.
Umarmung des Glückssymbols. Dabei schaut der Be-

treffende dem imaginierten Gegenüber in die Augen, dankt ihm und spricht zu ihm die für das Rückholen des Glücks passenden Worte.

Das sind die wesentlichen Stationen. Im lebendigen Kontakt zwischen den Dialogpartnern wird es natürlich etliche Abweichungen vom Schema geben. Wichtig ist noch, am Schluß den Betreffenden zu bitten, ‹in sein imaginiertes Gegenüber zu gehen›, um zu prüfen, wie diese Person das Ritual empfunden hat.

Um zu testen, ob das Format auch über den geschützten Rahmen einer vertraulichen Sitzung hinaus wirksam ist, empfiehlt es sich nachzufragen: «Wer oder was könnte dich davon überzeugen, daß das Ergebnis dieser Session nur Einbildung war und daß dein Problem im Grund stärker ist als diese Phantasie?»

Mit diesem psychischen Lackmustest wird schnell deutlich, ob etwas unbearbeitet geblieben ist und welche Glücksanteile noch von anderen Personen festgehalten werden. Die Rückaneignung auch dieser Anteile geschieht analog zu den bekannten Stationen des Glücksformats. Damit soll auch sichergestellt werden, daß das vollgültige Glück auch ins soziale Umfeld des Betreffenden integriert werden kann bzw. daß er sich eine neue, seinem Glück angemessene Umgebung aufbaut. Während bei dem Rückhol-Ritual das Glücksobjekt gehalten wird, können ‹Hypnotalk›-Sätze gesprochen werden wie:

Du weißt, daß sich jetzt viel für dich verändern wird, da du dich auf diese Weise schon verändert hast, indem du dein Glück jetzt in den eigenen Händen hältst, wie ein Geschenk von dir, auf das du stolz sein kannst. Und während dieses Glück jede deiner Zellen füllt, spürst du, daß du jetzt keinen Mitleidsbonus mehr brauchst, etwa wenn du behauptest, ohne Glück zu sein. Ab jetzt ist dein Glück stets mit dir, und du bist stets da, wo dein Glück ist, und du achtest darauf, daß euch niemand auseinanderbringt. Und es mag dich angenehm überraschen, daß dein Unterbewußtsein jetzt zuverlässig dafür sorgen wird, daß du statt der unbewußten Signale der Schwäche, wie sie in der Vergangenheit zeitweilig nötig waren, ab jetzt und in Zukunft andere, viel reizvollere Signale aussenden wirst, bewußt und unbewußt, auf deren Wirkung du genauso gespannt sein kannst wie deine Umwelt, die darauf schon wartet. Signale, die besagen: ‹Ich verfüge frei über mein ganzes Glück!› Und per Resonanzeffekt wirst du, bewußt und unbewußt, damit genau die Menschen anziehen, die ebenfalls aus ihrem Glück heraus handeln, so wie du, und denen das genauso gut bekommt wie dir . . .

Vielleicht reizt es dich, zu erfahren, wie es ist, wenn du nicht länger für dein Glücks-Opfer geliebt wirst, sondern wenn du für den Mut geliebt wirst, den du bewiesen hast, indem du dein Glück zurückerobert hast. Weil es ganz natürlich und soviel aufregender ist, dein Leben in deinem Glück zu leben, in der Gesellschaft derer, die sich ebenfalls dazu entschieden haben, ihr Glück zu konzentrieren und zu mehren. Und das sähe die Welt, deine Welt, daß du soviel Glück hast, daß du mitten im Glücks-Überfluß stehst, wenn soviel Glück durch dich hindurchfließt, daß es sogar über dich hinausfließt, zu anderen Menschen, anderen Lebewesen, in die Welt, in den Himmel, so daß du aus eigener Entscheidung sagen kannst: «Wenn ich mich jetzt entschließe, Glück an andere abzugeben, dann schwächt mich das nicht, sondern ich intensiviere die natürliche Dynamik des Glücks-Flusses, und ich freue mich, ein aktiver Mitspieler bei der großen Nahrungskette des Glücks zu sein, weil ich weiß, daß da, wo Glück im Überfluß ist, es mit Liebe aufgewogen wird, und da, wo Liebe im Überfluß ist, wird sie mit

Glück aufgewogen, und auf diese Weise werden beide weitergege-
ben. Denn da, wo das Glück weitergegeben wird, entsteht die lie-
bevolle Verbindung zwischen mir und der Welt, und das Glück,
dessen Quelle im göttlichen Mysterium liegt, spüre ich in mir als
Mensch, und es kommt der Welt zugute, auf einzigartige Weise,
daß ich ihr dieses Glück so gebe, wie nur ich es ihr geben kann, weil
es mich nur so gibt, wie ich bin, auf eine einzigartige Weise.»

Und du kannst dir jetzt schon ausmalen, was für einen Unter-
schied es macht für dein Leben, für deine Beziehungen, für deinen
Beruf, für dein persönliches und spirituelles Wachstum, wenn du
das Licht deiner Lebensfreude jetzt in allen Farben erstrahlen läßt
und aus jeder deiner Fasern die Botschaft spricht: ‹Ich bewege mich
frei im Ring meines Glücks, ich kann es halten und sammeln, und
ich kann mich entscheiden, andere am Überfluß meines Glücks
teilhaben zu lassen. Denn im Spiel der Kräfte fließt mir um so
mehr Glück wieder zu, je mehr ich davon in Bewegung setze und
mich auf einzigartige Weise immer wieder neu von meinem Glück
– und zu meinem Glück – transformieren lasse.›

Und manchmal mag es sogar anstrengend sein, sich mit soviel
Glück eins zu wissen. Aber noch viel anstrengender wäre es, sich
dem Fluß des eigenen Glücks entgegenzustemmen.

Doch diese Art von Anstrengung gehört für dich jetzt der Ver-
gangenheit an.

Es spielt keine Rolle, ob ein kleines oder ein großes Problem als Ausgangspunkt des Prozesses dient – durch seine
Bearbeitung mit dem Glücksformat gelangt man ganz natürlich über die Ebene des Verhaltens, der Fähigkeiten und
der Glaubenssätze zur Ebene der Identität und der Spiritua-
lität. Es genügt oft schon die Ankündigung – fast könnte

man sagen, Androhung –, das Glücksformat durchzuführen, um wesentliche Prozesse in Bewegung zu setzen.

Ein wohlbedachter Umgang mit diesem Format ist schon deshalb angeraten, weil es nicht nur einen psychologischen, sondern auch einen energetischen Unterschied ausmacht, ob jemand das wiedererworbene Glück nur als kurzes Feuerwerk erlebt oder ob er sein Nervensystem anweisen kann, sich langfristig auf einem höheren Glücks-Niveau zu reorganisieren.

Man kann zum Beispiel die Frage voranstellen: «Ich frage mich, ob dein Nervensystem bereit ist, die Veränderungen vorzunehmen, die notwendig sind, um das Glück, das wir in dieser Sitzung zurückholen werden, dauerhaft in dein Leben zu integrieren.» Sollte es gewichtige Einwände dagegen geben, bieten sie auf jeden Fall wertvolle Informationen, auch wenn das Glücksformat selbst nie durchgeführt wird.

Die entscheidende Vorannahme, die das Glücksformat der betreffenden Person anbietet, besagt, daß zwischenmenschliche und systemische Beziehungen in den Rahmen ‹zwischenseelischer Transaktionen› eingebettet sind. Das Glücksformat läßt sich aber durchführen, ohne an die Existenz einer Seele oder an vorgeburtliche Wesenheiten zu glauben. Dennoch gibt es einen funktionalen Grund, derartige Begriffe zu verwenden, sofern sie wohlplaziert sind: Sie führen in einen intensiv, geradezu auf existentieller Ebene erlebten Zustand, in dem es jenseits aller Spiegelfechtereien ‹ans Eingemachte geht›.

Ganz pragmatisch gesehen, werden im Verlauf einer Sitzung die Transaktionen tiefsten spirituellen Glücks nicht ins Heilige überhöht, sondern so neutral betrachtet, wie ein Broker die Kapitalbewegungen auf den Finanzmärkten verfolgen würde. Warum auch nicht? Schließlich wird beim Karma wie beim Kapital davon ausgegangen, daß, wer etwas verleiht, es nicht verschenkt, sondern um es irgendwann zurückzuerhalten. Es gilt also herauszufinden, welche Ziele hinter der Abgabe von Glück stehen – wobei diese Frage bereits impliziert, daß es solche Ziele gibt. Daß dem so ist, kann niemand beweisen. Es ist sogar höchst unwahrscheinlich, daß die Seele eines Ungeborenen im Jenseits zu seinen zukünftigen Eltern sagt: «Liebe Mutti, lieber Vati, ich will leben. Ich bin bereit, durch euch zu inkarnieren. Als Ausgleich dafür, daß ihr mir zur Geburt auf der Erde helft, überantworte ich euch einen Teil meines Glücks. Ich weiß, daß, solange ihr mein Glück habt, ich euren Möglichkeiten und Fähigkeiten genauso ausgeliefert bin wie euren Grenzen und euren Torheiten, aber das ist mir die Chance zu leben wert. Wenn ich mit eurer Unterstützung groß geworden bin, hole ich mein Glück dann wieder ganz zurück.»

Das, wie gesagt, ist reine Fiktion ohne die Chance jeglicher Evidenz. Was aber empirisch real und beobachtbar ist, sind Veränderungen beim Klienten, die anzeigen, welche Wirkung diese sogenannte Fiktion auf ihn hat und ob diese Fiktion ihm hilft, sich intern so zu organisieren, daß er mit den Möglichkeiten seines Lebens glücklicher wird. In jedem Fall verdeutlicht es, in welch hohem Maße der Erfolg von therapeutischen Bemühungen von der Wahl geeigneter Metaphern abhängt.

Ehe wir in die Oper gehen, geben wir an der Garderobe unseren Mantel ab. Geben wir, ehe wir uns auf die Erde begeben, auch einen Teil unseres Seelenglücks an die Eltern ab, zur treuhänderischen Verwaltung?

In der Oper ist es wichtig, daß man sein Garderobenmärkchen bei sich behält. Nur ganz vergeßliche oder verträumte Opernfreunde versäumen es, ihre Garderobe wieder abzuholen. Sonst hängt sie wochenlang unnütz am Haken, wird versteigert oder geklaut. Wissen Sie noch, wo Sie das Garderobenmärkchen für Ihr am Eingang abgegebenes Glück aufbewahrt haben? Um bei dieser Metapher zu bleiben: Auch Seelen mögen die Erfahrung machen, daß es bei der treuhänderischen Übergabe von Glück darauf ankommt, sich sein Glück irgendwann wiederzuholen. Ja, es gibt auch ziemlich unseriöse Geschäftspraktiken auf diesem Gebiet. Manche Leute sind ganz erpicht darauf, das Glück anderer zur Aufbewahrung zu bekommen und nicht mehr herzugeben – meist, weil sie selber unter einer unerlösten Angst oder Schwäche leiden, die sie anzuschauen vermeiden. Diese Glücksvampire können es unter Umständen sogar schaffen, andere Wesen davon zu überzeugen, ihnen ihr Glück zu überlassen. «Gib mir dein Glück, dann verschaffe ich dir dafür Sicherheit», ist eine gängige Formel, unter der ein solcher Deal – meist mehr unbewußt als bewußt – zustande kommt. Eine andere wirksame Methode, Leute für derartige Minus-Transaktionen zu gewinnen, ist, sie mit etwas sehr Edlem und Noblem zu besetzen, etwa mit dem Begriff ‹Liebe›. Also glauben manche: «Liebe ist, jemand anders sein Glück zu opfern.» Ein Glaubenssatz, der im Umkehrschluß lautet: «Wenn alle um mich herum aus lauter Liebe ihr Glück opfern, ist es dann nicht egoistisch, wenn ich meines zurückfordere?»

Aber stimmt das? Stimmt es für Sie?

Das Glücksformat bietet Werkzeuge, um mit gezielten Fragen in die tieferen Schichten der Abmachungen zu gehen, die den zwischenmenschlichen Beziehungen zugrunde liegen – und sei es, daß man sich dabei überhaupt erstmals eine Vorstellung davon zu machen beginnt, wie denn diese Beziehungen geregelt sein könnten. Wie immer diese Vorstellung im einzelnen aussieht, sie wird jedenfalls zum Ausdruck bringen, welche Regelungen nicht für alle Beteiligten gleich vorteilhaft sind. Dann gilt es einen schlechten Ausgleich durch einen guten zu ersetzen, das heißt im Sinne der systemischen Familientherapie, die nicht geglückte Ordnung in eine geglückte Ordnung zu transformieren, in der dem Geben und Nehmen des Glücks gute Wege bereitet werden.

Im Fußball gibt es die alte Torwartweisheit: Bevor du den Ball abwerfen kannst, mußt du ihn erst mal in Händen halten. In unserem Zusammenhang gilt: Bevor du Glück an andere abgeben kannst, mußt du darüber erst mal selbst verfügen.

Andererseits macht es einen großen Unterschied aus, ob jemand schwach ist, weil er kein Glück hat, oder ob er schwach ist, weil er sich gegenüber einem Teil seines Glücks verweigert hat, der sich dann gegen ihn richtet.

Allen in diesem Buch beschriebenen Ansätzen liegt ein einfacher Glaubenssatz über das Glück zugrunde: *Je freier ein Mensch über das eigene Glück zu verfügen lernt, desto mehr kann er in seinem Leben lernen und genießen, und desto freier und zuversichtlicher kann er seine eigenen Wünsche verwirklichen und auch anderen helfen.*

Meine Grundintuition sagt mir, daß das Universum den Mut zur Freiheit mehr fördert als eine devote Opferstimmung, in der man sich in die ‹selbstverschuldete Unmündigkeit› flüchtet, um mit einem Begriff des großen Philosophen Kant zu sprechen.

Auch die Tafelritter im Glückslabor sind sich einig, daß

die Freude am Glück mehr über den Sinn des Lebens offenbart als die Angst vor dem Glück, insbesondere, wenn es sich dabei um die Angst vor dem *eigenen* Glück handelt.

Das Glück bemißt sich an der Größe der Herausforderungen, die man einzugehen bereit ist, um es immer weiter wachsen zu lassen. Angenommen, Ihr Glück ist um die Einheit 3 gewachsen, Sie begeben sich aber lediglich in Herausforderungen der Größe 1. Dann entsteht ein energetisches Ungleichgewicht, und wenn es unbearbeitet bleibt, mündet es in Unlustgefühle, Zweifel am Lebenssinn und dergleichen schreckliche Dinge mehr.

Die Hand in Hand gehende Entwicklung von Herausforderung und Glück immunisiert auch gegen die Einflüsterungen derer, die von Glück und Liebe vielleicht gar nicht soviel verstehen, wie sie behaupten, und die sich darauf spezialisiert haben, den Glauben an die Notwendigkeit von Glücksbremsen und Glücks-Opfern zu verbreiten. Menschen, die ihr eigenes Manko aus Bequemlichkeit zum Universalstandard erheben, etwa indem sie enge Beziehungen (gute wie schlechte) als gegenseitige Erpressung begreifen, versuchen einem dann unterschwellig weiszumachen, wie die Sache wirklich läuft: «Ich liebe dich nur, wenn du mir dein Glück gibst. Im Gegenzug zwinge ich dich aber, mich dafür zu lieben, daß ich dir mein Glück opfere.» Das ist im Grunde ein Muster von Mafia-Beziehungen, und es ist womöglich kein Zufall, daß sich die Mafia von oben bis unten in Beziehungen organisiert, die sie der Familie abgeguckt hat, sogar einer ‹ehrenwerten› Familie . . .

Was wird sein, wenn es andere Menschen gibt, die Sie um so mehr lieben, je mehr Sie Ihr eigenes Glück erstrahlen lassen, in Ihnen, aus sich heraus, unabhängig, mit offenem Visier, weil das wiederum andere ermutigt, ihr eigenes Glück erstrahlen zu lassen? Ist es nicht viel spannender, solchen Menschen zu begegnen, und ist es nicht am allerspannendsten, selbst so ein Mensch zu sein?

Diese Reise hat keinen Anfang und kein Ende. Anders ausgedrückt: Die Reise fängt jederzeit an, und sie kommt jederzeit zum Ende. Das geglückte Glück erfüllt sich in der Kunst, sich auf dieser Reise stets selbst die Herausforderungen zu inszenieren, die dem Wachstum des Glücks entsprechen.

Glückliche Reise!